Rohlfs, Gerhard; Conrad, Svenja (Hg.)

Erfahrungen in Afrika

Band 6

Im Auftrage seiner Majestät des Königs von Preußen

Rohlfs, Gerhard; Conrad, Svenja (Hg.)

Erfahrungen in Afrika

Band 6

Im Auftrag seiner Majestät des Königs von Preußen

ISBN: 978-3-86741-528-6

Auflage: 1
Erscheinungsjahr: 2010
Erscheinungsort: Bremen, Deutschland

Rohlfs, Gerhard; Conrad, Svenja (Hg.)

Erfahrungen in Afrika

Band 6

Im Auftrag seiner Majestät des Königs von Preußen

EUROPÄISCHER
HOCH
SCHUL
VERLAG

Erfahrungen in Afrika
Band 6

Im Auftrage seiner Majestät des Königs von Preußen

von Gerhard Rohlfs

Über den Autor

Gerhard Rohlfs wird am 14. April 1831 als Sohn eines Arztes in Vegesack geboren. Obwohl er als schwacher Schüler gilt und nach Beendigung seiner Schullaufbahn zunächst als Unteroffizier der schleswig-holsteinischen Armee beitritt, beginnt er im Alter von 19 Jahren auf Wunsch seiner Eltern ein Studium der Medizin in Heidelberg, Würzburg und Göttingen, bricht es jedoch nach nur wenigen Semestern wieder ab. Von da an widmet er sich ausschließlich seiner großen Leidenschaft, dem Reisen. Zunächst führt es ihn als Fremdenlegionär nach Algerien und er nimmt von 1855 bis 1860 als Feldscher an französischen Feldzügen teil. 1860 bereist er, als Muslim und Wanderarzt getarnt, das nördliche Afrika. Fünf Jahre später durchquert er als einer der ersten Europäer die Sahara und liefert mit seinen Aufzeichnungen und Beschreibungen wichtige Erkenntnisse für die Geografie. Seine abenteuerliche Reise vom Mittelmeer an die westafrikanische Küste gilt als zweite europäische Afrikadurchquerung überhaupt. Dies war zuvor nur dem Engländer David Livingstone geglückt.

Trotz seiner mangelhaften fachspezifischen Ausbildung wird Rohlfs auf Grund seiner detaillierten wissenschaftlichen Arbeiten, aber vor allem dank seiner fesselnden Reisebeschreibungen zu einem der wichtigsten deutschen Forschungsreisenden.

Gerhard Rohlfs stirbt am 2. Juni 1896 in Rüngsdorf bei Bad Godesberg. Er ist auf dem Friedhof Vegesack in Bremen beigesetzt.

Anmerkung

Der folgende Text unterliegt den Regeln der alten deutschen Rechtschreibung. Sämtliche Abweichungen sind deshalb keine Rechtschreibfehler, sondern gewollt.

Inhalt

1. Antritt der Reise und Ankunft in Zula 5

2. Lager von Mulkutto und Abreise nach
   Senafe 28

3. Von Senafe nach Antalo 49

4. Weiterer Marsch nach Süden und Ankunft
   Sir Roberts im Lager 73

5. Durch Uadjerat nach dem See Aschangi 99

6. Letzter Marsch der englischen Armee durch
   die abessinischen Lande und Ankunft vor
   Magdala und der Armee des Königs 119

7. Gefecht von Aroge, Auslieferung der
   Gefangenen, Erstürmung Magdalas und
   Tod Theodors 144

8. Schlusscapitel 166

Vorwort

Wie ich die Eindrücke bekam und gleich zu Papier brachte, so übergebe ich diese Tagebuchblätter dem Publikum. Sie stellen insoweit den Gang der englischen Expedition dar, als ich von Senafe an als Dolmetsch den Chef der "reconnoitring party", den Oberst Phayre, bis zum Falle Magdala's begleitete.

Wenn es mir durch die Grossmuth Seiner Majestät des Königs von Preussen ermöglicht wurde, dieser interessanten Expedition beizuwohnen, welche an Schwierigkeiten und Hindernissen weder von der in China, noch von der französischen in Mexico überboten wurde, an glänzendem Erfolge, freilich durch ausnahmsweise Glücksumstände begünstigt, beide bedeutend übertraf, so muss ich andererseits hier auch anerkennen, dass der Engländer gastliches Benehmen gegen uns Fremde nicht genug hervorgehoben werden kann.

Vielleicht werden die Engländer finden, ich hätte manchmal zu scharf über Sir Robert und seine Kriegführung (die Seele der Expedition bildete das Triumvirat Phayre, Merewether und Munzinger) geurtheilt: indess, die nachstehenden Zeilen wurden während der Expedition geschrieben; man vergleiche nur die Correspondenzen der "Times", des "Daily Telegraph" und anderer Journale aus jenen Tagen, und man wird finden, dass mein Urtheil nur darin von dem jener Correspondenten, also der Engländer selbst, abweicht, dass es milder und unparteiisch gehalten ist.

In neuerer Zeit sind nun in der Presse in Deutschland Stimmen laut geworden, welche sich sogar darzuthun bemüht haben, Sir Robert habe Theodor gegenüber nicht ehrlich gehandelt; das sind boshafte Verleumdungen. Man hat selbst der englischen Armee schlechtes Betragen den Eingebornen gegenüber vorgeworfen, und doch wissen alle fremden Offiziere, von denen es in Abessinien Repräsentanten fast aller Nationen gab, dass nicht nur das Privateigenthum eines jeden Abessiniers geschätzt war, sondern auch jedes Geringste baar bezahlt, auch nie die kleinste eigenmächtige Gewaltthätigkeit gelitten wurde.

Die aus Magdala befreiten Europäer wurden mit aller Sorgfalt und jeder Zuvorkommenheit von den Engländern behandelt, und als sie sich von der Armee trennten, grossmüthig mit Geld für die ersten nothwendigen Bedürfnisse unterstützt.

Man könnte fragen, warum ich meine Rückreise über den interessanten Ort Lalibala und Axum nicht dem Tagebuche beigefügt habe. Theilweise ist in den "Geographischen Mittheilungen" jene Reise nebst einer Specialkarte schon erschienen, theilweise wird dieselbe in der "Zeitschrift der Berliner Gesellschaft für Erdkunde", ebenfalls mit einer Specialkarte, zur Veröffentlichung kommen.

Hier habe ich eben dem Publikum nur den Marsch der englischen Armee von Zula nach Magdala im Zusammenhange vorführen wollen. Eine ausgezeichnete Karte, von Petermann's Meisterhand entworfen und in Justus Perthes' Anstalt ausgeführt, veranschaulicht dem Leser den Weg der Armee.

1. Antritt der Reise und Ankunft in Zula

Es war Ende November 1867, als ich mich an Bord der Peluse, Dampfer der Messagerie impériale, in Marseille einschiffte, um nach Aegypten zu fahren. So kalt das Wetter bis dahin in Frankreich gewesen war, denn selbst in Marseille hatte es am letzten Tage noch Eis gefroren, so schön und sommerlich war es, als wir uns an Bord begaben.

Seine Majestät der König von Preussen hatte mich beauftragt, der englischen Expedition, die bekanntlich durch die Gefangennahme der englischen Consuln und Gesandten durch König Theodor von Abessinien hervorgerufen wurde, beizuwohnen, und nach einem fünfmonatlichen Aufenthalte in Europa, der mich von den Fiebern und Anstrengungen, die ich auf meiner letzten Reise in Centralafrika zu erleiden gehabt, erstärkt hatte, beeilte ich mich, dieser ehrenvollen und für mich so interessanten Aufforderung Folge zu leisten. Da die Engländer in Ertheilung der Erlaubniss, sich der Expedition anschliessen zu dürfen, nicht bloss für Ausländer, sondern auch für ihre eigenen Landsleute sehr schwierig waren, so hatte mir Graf von Bismarck durch seinen Einfluss diese direct beim Indian Board erwirkt und mir einen Introductionsbrief vom Chef dieser Behörde für Sir Robert Napier, der das Expeditionscorps leiten sollte, zukommen lassen.

Meine Ausrüstung hatte ich vornehmlich in Paris gemacht, und meine Begleitung bestand bis jetzt bloss in meinem kleinen Neger Noel, der mich auf meiner letzten Reise durch Afrika auch begleitet hatte, und sich dabei, so jung er auch noch war, als äusserst nützlich erwiesen hatte. An Bord angekommen, dauerte es auch nicht lange mehr und die Peluse dampfte aus dem Hafen und gewann, beim Château d'If vorbeifahrend, bald die hohe See. Im Winter, wo die Tage so kurz sind, konnten wir uns nicht lange der schönen Ufer der französischen Küste erfreuen; obgleich der Dampfer Südost haltend noch lange ziemlich nahe den zackigen Gebirgsausläufern blieb, entzog uns die Dunkelheit bald jede Fernsicht.

Ich fing an mich nun an Bord etwas umzusehen, und fand, dass meine Mitpassagiere, wenigstens die der ersten, fast lauter Franzosen waren, was ich gleich daran erkannte, dass jeder ein rothes Bändchen der Ehrenlegion im Knopfloche des Ueberrockes stecken hatte. Die Franzosen nämlich, welche diese Decoration erhalten haben, sind so begierig darauf, dies der Welt zu zeigen, dass sie ihre Decoration nicht bloss auf Gehröcken und bei besonderen Gelegenheiten, sondern auch auf leichten Sommerröcken, auf Pelzröcken und die böse Welt sagt, sogar auch auf Nachtröcken, tragen. Genug, fast alle waren decorirt und trugen das zur Schau. Indess traf ich doch auch deutsch redende Herren; der holländische Generalconsul von Alexandrien, der dänische, ein amerikanischer Geolog, der nach Nubien wollte, sprachen vollkommen gut deutsch; an Damen waren bloss die Töchter von Mariette Bei, eine feine Pariser Lorette der Demi-monde und zwei andere Damen vorhanden. Mariette Bei, Vorsteher des Aegyptischen Museums in Bulak bei Cairo, war auch an Bord und hatte die Gegenstän-

6

de, die er auf der Pariser Exposition gehabt hatte, wieder mit sich. Im Ganzen mochten wir 40 Passagiere sein, so dass wir Alle räumlich sehr gut untergebracht waren, indem an Bord für 150 Personen erster Classe Platz war.

Das Leben an Bord der Dampfer der Messagerie impériale ist äusserst angenehm; die Offiziere, wenn sie meist auch nicht die Bildung der deutschen und englischen Postdampfer-Offiziere haben, sind vollkommen abgeschliffene Männer und in gesellschaftlicher Beziehung meist von feinster Politur, die Kost an Bord, ohne so reichlich, aber auch so roh zubereitet zu sein wie auf englischen Schiffen, ist äusserst geschmackvoll, die Bedienung vortrefflich. Meine Tischnachbarn wurden in unmittelbarer Nähe die Pariser Lorette, die nach Aegypten Fortuna machen ging und vielleicht auf das Harem irgend eines der Paschas speculirte, vielleicht auf das allerhöchste selbst, dann ein ägyptischer Oberst vom Generalstab, und gegenüber hatte ich den dänischen Generalconsul und einen anderen ägyptischen Offizier. Man kann sich denken, dass bei solch verschiedenen Persönlichkeiten es nie an Unterhaltung fehlte, und besonders trug die Lorette, deren Namen ich leider nicht in Erfahrung gebracht habe, nicht wenig dazu bei, dieselbe zu würzen. Namentlich zur Zeit des Nachtisches, wenn das Fräulein fleissig der Flasche zugesprochen, und das that sie immer ohne Umstände, um nicht seekrank zu werden, zeichnete unsere Gesellschaft sich immer durch besondere Heiterkeit aus.

Man wird wohl nicht verlangen, dass ich hier eine specielle Beschreibung einer Mittelmeersdampfschifffahrtsreise machen soll. Heutzutage sind dieselben so alltäglich geworden, und ich für meine Person hatte diese Tour so oft gemacht, dass ich meine Leser in möglichster Schnelle nach Alexandrien führen werde. Und ich kann das mit um so grösserer Gewissenhaftigkeit, als wir auf unserer ganzen Fahrt vom ausgezeichnetsten Wetter begünstigt waren trotz der schon sehr vorgerückten Jahreszeit, wo das Mittelländische Meer manchmal recht tückisch ist.

Durch die Strasse von Bonifacio kommend, bei Caprera vorbei, nachdem wir vorher die herrliche Küste von Corsika mit den jetzt schon weissen Gipfeln dieser Insel bewundert hatten, behielten wir nun fast immer Land in Sicht, bis wir nach Messina kamen, sei es nun, dass wir westlich die sardinischen Berge oder östlich die italienischen Küsten hatten. Wie immer, lagerte eine ruhige, sich kaum verstärkende oder vermindernde weisse Dampfwolke auf dem Stromboli und so dicht fuhren wir bei diesem Vulkan vorbei, dass wir das Rufen der Leute hören konnten. In Messina hatten wir nur einen einstündigen Aufenthalt, um Passagiere an Bord zu nehmen und Proviant zu erneuern; da es Abend war, ging natürlich niemand ans Land und am folgenden Tage war jede Küste unseren Blicken entrückt. Aber nur noch einige Tage und wir waren an dem ägyptischen Ufer.

Wir waren Morgens sehr früh vor Alexandrien, konnten aber nicht eher als mit Sonnenaufgang in den Hafen einlaufen, da der Eingang sehr gefährlich ist. Obgleich wegen einiger Bauten, einiger Alterthümer, wie die Pompejussäule, die Kleopatranadeln, eigenthümlich, hat der Anblick von Alexandrien nichts schönes und noch weniger etwas imponirendes. Die Menge von Schiffen aber, meist aus den Ländern des Mittelmeeres, ist allerdings bedeutend, indess hat alles einen schmutzigen Anstrich, der noch vermehrt wird durch die vielen dazwischen herumrudernden kleinen Boote, von den zerlumptesten halbnackten Eingeborenen gehandhabt. Sobald dann auch die Sanitätsformalitäten vorüber waren, kamen diese lungrigen Bengel an Bord, um sich der Reisenden und ihrer Bagage zu bemächtigen, und nur durch die kräftigsten Schimpfworte und Stockprügel, was sie sich aber auch wieder ganz geduldig gefallen liessen, konnte man Herr seiner selbst und seines Eigenthumes bleiben.

Ich hatte keine grosse Eile ans Land zu kommen, da ein paar Kisten, die mir das preussische Consulat in Marseille an Bord geschafft hatte, ohne dass ich gegenwärtig war, gar nicht zu finden waren; als aber dies doch zu lange dauerte, nahm auch ich eine Barke, um mich nach der Duane rudern zu lassen. Vorher hatte man mich indess nach der Hafenpolizei gerudert und verlangte, meinen Pass zu sehen. Auf meine Aussage, dass ich keinen Pass besässe, denn ich hielt es natürlich nicht für passend, ihnen mein von Graf Bismarck unterschriebenes Instructionsschreiben vorzulegen, welches die Polizeibeamten höchstens mit ihren ungewaschenen Händen würden beschmutzt haben, sagte man mir, für mich sei allerdings gar keine Schwierigkeit, ans Land zu gehen, aber da ich einen Schwarzen bei mir habe und Sclaverei in Aegypten streng verboten sei, müsste ich mich über ihn legitimiren. Mir kam im Anfange diese Sache so ausserordentlich vor, dass ich nicht recht wusste, ob die Polizisten Ernst oder Spass machten; aber um die Sache abzukürzen, verlangte ich einfach, sie sollten mir einen Polizeikawassen mitgeben und aufs preussische Generalconsulat fahren. Das geschah denn auch und damit hatte die Sache natürlich ein Ende.

Sodann fuhren wir zum Guthof, deren es in Alexandrien eine Menge giebt und die alle ziemlich gleich schlecht, d. h. sehr theuer und schmutzig sind; ich stieg an der Place des consuls im Oriental Hôtel ab, welches vorzugsweise Aufenthalt der Deutschen ist und wo man, wenn man sich einschränkt, mit 25 Frs. per Tag leben kann. Alexandrien machte einen grauenhaften Eindruck auf mich; es hatte gerade am Tage vorher geregnet, die Strassen waren unergründlich, so dass man, wenn man von einer Seite zur anderen wollte, eines Esels bedurfte. Indess befinden sich einige hübsche Häuser in der Stadt, nur müssen sie nicht den Eingeborenen gehören, sonst, selbst wenn sie vor wenigen Jahren erbaut sind, zeigen sie äusserlich sichere Spuren des Verfalles. Auch auf die öffentlichen Gebäude der Christen scheint sich die Nichtstabilität des mohammedanischen Wesens übertragen zu haben: die englische Kirche, so niedlich und neu wie sie ist, zeigte äusserlich bedeutende Beschädigungen, ohne dass jemand daran dachte, sie auszubessern. Ebenso das neuerbaute Theater

Lizinia. Der Contrast der glänzendsten Toiletten der griechischen, anderen europäischen und orientalischen Damen mit den entsetzlich zerlumpten und hungrigen Eingeborenen, die bettelnd und nichtsthuend die Strassen durchlungern, war ebenfalls nicht geeignet, einen günstigen Eindruck hervorzurufen. Ueberall sah man Trümmer, d. h. grosse Holzgestelle, welche von der Beleuchtung herrührten zu Ehren der Rückkehr des Vicekönigs Ismael Pascha.

Während ich den ganzen Tag damit beschäftigt war, nach meinen Kisten herumzulaufen, ohne zu einem Resultate zu kommen, verbrachte ich indess Abends einige angenehme Stunden im Kreise von Herrn Menshausen's Familie, hanseatischem Generalconsul für Aegypten. Am anderen Morgen früh gelang es mir endlich, meine Kisten auf der Duane zu finden, und durch Herrn Menshausen's Güte wurden sie mir zollfrei überliefert. Noch am selben Tage fuhren wir 3 Uhr Nachmittags von Alexandrien ab, und ich sollte zum ersten Male kennen lernen, was es heisst, auf einer ägyptischen Eisenbahn fahren. Die Waggons befinden sich in einem schauderhaften Zustande, so dass ich lieber vorziehen möchte, in Deutschland oder überhaupt in Europa 3. Classe zu fahren, als in Aegypten 1. Classe. Diese ist so schmutzig, dass man sich scheut, Platz zu nehmen. Ueberhaupt sehen alle Waggons, Packwagen, Locomotiven schon neu äusserlich so zerfallen und schmutzig aus, dass man sie eben nur mit der Regierung des Landes selbst vergleichen kann.

Da es bald dunkel wurde, konnten wir von der Gegend nichts sehen, überdies hatte ich von Alexandriens Wundern, der Pompejussäule, den Kleopatranadeln, den Katakomben auch nichts, als eine entfernte Ansicht gewonnen. Der Weg, wenn man ihn ordentlich bewahren würde, könnte von Alexandrien bis Cairo in höchstens 4 Stunden zurückgelegt werden; wir brauchten mehr als 6, denn erst nach 9 Uhr trafen wir in der Kalifenstadt ein. Aber ist das zu verwundern? Vor wenigen Tagen kam es vor, dass ein hochgestellter Pascha müde wurde, der Train musste anhalten und als nach einem dreistündigen Schlaf einige Europäer, die mit im Zuge waren, sich beschwerten, liess er noch 3 Stunden anhalten, um in Ruhe seinen Tschibuck zu rauchen und seinen Kaffee zu schlürfen. Kleinere Dinge der Art kommen alle Tage vor. Herr Menshausen, der mich nach Cairo begleitete, wurde am Bahnhofe, bei uns würde man ihn einen provisorischen Schuppen nennen, von seinem Neffen erwartet, der auch für einen Wagen gesorgt hatte, deren es jetzt in Cairo Hunderte giebt. Obgleich auch hier der Schmutz unergründlich war, so machte das einen viel weniger peinlichen Eindruck, als in Alexandrien, weil man eben gleich sah und fühlte, dass man in einer vollkommen mohammedanischen Stadt war, in welchen eben Schmutz und Dreck nun einmal eben so unvermeidlich sind, wie die Ruinen. Vom Bahnhofe aus über den Esbekieh-Platz fahrend, der Abends mit seinen Akazien, Sykomoren, Granaten und Orangen stattlich aussah, bogen wir in die Musky ein, die Hauptstrasse Cairos, wo die europäischen Ma-

12

gazine sind und welche die Stadt der Breite nach durchschneidet. Von hier ab mussten wir indess eine andere kleine Strasse zu Fuss hinabwandern, weil ihre Breite keinen Wagen mehr erlaubte; in dieser war das Haus des Herrn Menshausen gelegen, auch das Hôtel du Nil, wo ich absteigen wollte und auch gleich darauf ein Unterkommen fand.

Ich unterlasse es, hier eine Beschreibung von Cairo zu geben, und wenn ich auch in den vierzehn Tagen, die ich da war, Musse genug gehabt, alle Merkwürdigkeiten zu sehen, so hatte ich theils noch viele Einkäufe, als Pferd, Zelt etc. zu besorgen, was, da man mit Mohammedanern oder Europäern, die nicht besser waren, zu thun hatte, viel Zeit wegnahm, theils glaubte ich, alle Tage Anweisung nach Sues zum Einschiffen zu bekommen, so dass ich mich immer bereit halten musste.

Gleich im Anfange ging ich indess nach Sues mit der Eisenbahn, um mich mit Capitain Willaugby, dem dortigen Depotcommandanten, in Verbindung zu setzen; er telegraphirte auch sogleich nach Bombay an Sir Napier, um Passage für mich zu verlangen. Nach einem Aufenthalte von einer Nacht kehrte ich nach Cairo zurück. Um indess doch etwas von der Stadt zu besehen, besuchte ich die Citadelle, wo man einige hübsch eingerichtete Salons des Vicekönigs findet. Wie sie indess das erste Mal meublirt worden sind, so bleiben sie, und die Divans fangen jetzt an, zu zerreissen. Es findet sich hier auch der Saal der Abgeordneten, mit Thron, Ministersitzen etc., ganz wie bei uns, nur en miniature. Als Ismael Pascha, der jetzige Vicekönig, vor zwei Jahren die erste Abgeordneten-Versammlung eröffnete, hatte man den Leuten vorher gesagt, dass man Rechte, Centrum und Linke unterscheiden und haben müsste, dass die Rechte immer mit, die Linke gegen die Regierung stimme und das Centrum bald für, bald gegen. Als nun Seine Hoheit die Versammlung eröffnen und sich mit seinen Ministern, deren er ebenso viele wie der Kaiser von Frankreich oder olim Soulouque von Haiti hat, in den Sitzungssaal begeben will, hört er einen furchtbaren Lärm und Aufruhr. Mit Vorsicht werden die Flügelthüren geöffnet und ein Eunuch vorangeschickt, um zu erkunden, was es gäbe. Ismael Pascha glaubte schon an eine Juli- oder Februarrevolution, wenn er anders von dergleichen Dingen Kunde gehabt hatte. Aber, o Wunder! Der Eunuch vernimmt mit Staunen, dass zuerst ein Streit und Drängen stattgefunden habe, wer rechts sitzen solle, da alle Deputirte der Rechten gehören wollten, dass dadurch zuletzt eine grosse Schlägerei und Prügelei entstanden sei, welche noch dauere. Seine Hoheit konnte denselben Tag die Sitzung nicht eröffnen, theils hatten die meisten Deputirten schwere Verletzungen auf ihren glatt rasirten Köpfen erhalten, theils hatten sie sich den Schnurrbart ausgerissen, theils auch waren alle Sessel zerbrochen, indem man sich wegen Mangel an Waffen der Stuhlbeine bedient hatte.

Auf der Citadelle befindet sich auch eine schöne, in jetziger Zeit, ich glaube von Mahommed Ali erbaute Moschee. Aeusserlich schon wieder in Zerfall gerathend, ist sie im Innern grossartig und schön, natürlich von Europäern gebaut oder wenigstens Christen.

Wir hatten eines Tags beschlossen, die Pyramiden, die man von Cairo aus recht gut sehen kann, in der Nähe zu besichtigen, und mehrere Gäste, die im Hôtel mit logirten, theils Engländer, theils Deutsche, dann der preussische Consul mit seinem Kanzler und Diener, machten wir uns früh auf den Weg, mit Vorräthen für zwei Tage versehen. Der Esel ist, trotz der Concurrenz, die ihm die Wagen, welche wirklich in Cairo recht gut sind, zu machen anfangen, immer noch das Hauptlocomotionsmittel in und um Cairo. In schnellem Galopp ging es dahin durch die Strassen, dann nach Bulak, wo wir beim Nilmesser der Insel übersetzten und in Giseh landeten. Unsere Esel waren auch mit übergeschifft worden und man kann sich denken, dass die Barken der Fähre gross sein mussten, da wir alle nur Eine nöthig hatten, obwohl wir in Allem 20 Mann waren und eben so viele Stück Langohren hatten. Von hier hatten wir noch einen dreistündigen Ritt bis an die Pyramiden, der unter Scherzen und Lachen schnell verging, namentlich belustigten wir uns über einen Herrn, ich glaube, Schödler war sein Name, der die Manie gehabt hatte, sich als Araber ausgeben zu wollen, sich ein arabisches Costüm angelegt hatte und ein grosses weisses Maulthier ritt. Merkwürdigerweise speichelte dies fortwährend und liess die Unterlippe herabhängen, welches den Eindruck machte, als ob es lachte. Als ich ihm einst sagte: "Herr Schödler, ihr Thier lacht fortwährend so graziös", schlug er stolz seinen grünen in Europa fabricirten Araberburnus zurück und meinte: "mein Gott, diese Thiere nehmen sehr schnell von ihrem Herrn die Eigenschaften an." Aber ehe wir an die Pyramiden kamen, mussten wir noch ein Hinterwasser des Nils, der jetzt erst zu fallen anfing, überschreiten und dies geschah mittelst der Beduinen, die uns auf ihren Rücken hinüber trugen; bald wird indess ein Damm bis zu den Pyramiden führen, welcher zum Nutzen der Kaiserin von Frankreich, welche vor einigen Jahren die Absicht hatte, Aegypten zu besuchen, angelegt, dann aber bis jetzt wieder liegen gelassen wurde.

Bei den Pyramiden angekommen, wurde gefragt, wer aufsteigen wollte, und dann rasch begonnen. Jeder wurde von zwei Arabern unter die Arme gegriffen und so sprang man theils, theils wurde man auf die hohen Stufen hinaufgeschwungen. Nichts greift indess mehr an als eine solche Pyramidenbesteigung und der Ehrgeiz, sagen zu können, auf dem höchsten Bauwerke, was von Menschenhand gemacht ist, gewesen zu sein, wird keineswegs belohnt durch eine schöne Aussicht, wohl aber hat man Tage lang das Nachgefühl der Anstrengung. Dicht bei dieser höchsten Pyramide ist eine zweite, nicht viel niedriger, und gewöhnlich bietet ein Araber sich an, in 10 Minuten die Giseh-Pyramide hinabzulaufen und die andere zu erklettern, was um so schwieriger ist, als die Spitze der anderen noch zum Theil ihre ursprünglich glatte Ueberdeckung hat. Einer unserer Araber führte das Kunststück in 91/2 Minuten aus. Die Bakschischverlanger oder Bettler verfolgen einen übrigens bis auf die Spitze der Pyramide; man kann in

16

Aegypten keinen Schritt gehen, ohne von einer offenen Hand belästigt zu werden. Das Heruntersteigen geht schon besser, obgleich Vorsicht dazu gehört, da man einestheils bei der Höhe der Absätze, meist 21/2', andererseits bei der Glattheit der Steine leicht zu Falle kommen kann. Leute, die an Schwindel leiden, sollten gar nicht aufzusteigen versuchen. Man hat so viel über den Zweck der Erbauung der Pyramiden gefaselt und ganze Abhandlungen darüber geschrieben, schliesslich aber kommt man doch immer wieder auf die Ansicht der Alten, dass es einfache Begräbnisse waren, zurück.

Unten angekommen, wurde gefrühstückt, nachdem wir zuvor jedoch den kolossalen Sphynxkopf bewundert und die unterirdischen Tempel durchwandert hatten. Wir lagerten uns unter eine grosse Akazie, die unweit der Giseh-Pyramiden vereinzelt dasteht. Da wir den ganzen Tag noch nichts zu uns genommen hatten, und es 1 Uhr Nachmittags geworden war, mundete es uns vortrefflich und Herr Nerenz, norddeutscher Consul, dessen Weinkeller zuerst probirt wurde, erwarb sich Aller Dank; nach dem Essen führten Araber Tänze auf, andere brachten uns Kaffee, natürlich alles gegen entsprechende Backschische.

Um 8 Uhr setzten wir uns zu Esel und fort ging es wieder, immer im schnellen Trab oder Galopp, denn wir wollten noch am selben Abend die Apisgräber besuchen. Um 6 Uhr kamen wir dann auch an dem Hause Mariette-Bey's (ein Franzose, der in ägyptischen Diensten und Director des antiquarischen Museums von Bulak ist) vorbei, welches er ebenfalls erbauen liess, um der Kaiserin der Franzosen auf ihrer Reise nach Aegypten Herberge darin anzubieten. Wir stiegen sogleich in die Katakomben hinunter, besahen die kolossalen Granitsärge, 26 an der Zahl, deren jeder einen Ochsen barg, die jetzt jedoch alle leer und geöffnet sind. Auf dem Deckel des ersten, den man hat herauswinden wollen und der ziemlich am Eingange liegt, schlugen wir unser Lager auf, und zum Nachtessen wurde auf dem gigantischen Granitdeckel selbst gedeckt. Aber leider machten wir hier die Entdeckung, dass der Wirth vom Nilhôtel wahrscheinlich aus Versehen den Wein vergessen hatte, wir hatten nun bloss noch zwei Flaschen von den sechs, die Herr Nerenz, der norddeutsche Consul, mitgenommen hatte, und einige Flaschen Ale. Das hinderte dennoch nicht, dass wir vergnügt soupirten und König Wilhelm und Bismarck, wie morgens bei den Pyramiden, jetzt in den Apisgräbern hoch leben liessen und alle, Amerikaner, Engländer und Italiener, die mit uns Deutschen waren, schlossen sich dem freudig an. Obgleich es Nachts an komischen Zwischenfällen bei einer so grossen Gesellschaft nicht fehlte, so hatten die Anstrengungen des Tages doch allen auf dem weichen Sande in den Apisgräbern einen gesunden erquickenden Schlaf verschafft. Am andern Morgen früh bestiegen wir gleich wieder die Esel, um nach Memphis zu reiten. Der Weg war diesmal bedeutend hübscher, da wir fortwährend im Palmenwalde uns befanden und die Ruinen gegen 10 Uhr Morgens erreichten. Wir hatten vorgehabt, über Sakara zu reiten, aber da die ganze Gegend unter Wasser war, konnten wir dies nicht ausführen. So kamen wir bei der Stufenpyramide vorbei, in deren Nähe gerade Ausgrabungen gemacht wurden. Nachdem wir die Sehenswürdigkeiten besichtigt hatten, ritten wir bis an den Nil, mieteten eine jener grossen Barken und fuhren mit günstigem Winde bis Bulak. Um 3 Uhr Nachmittags waren wir wieder im Hôtel.

In Cairo ist einer der schönsten Spaziergänge der nach Schubra hinaus, wohin eine breite zum Theil von Akazien, zum Theil von Sykamoren bestandene Allee fährt, rechts und links von schönen Landhäusern der reichen europäischen Kaufleute, der Paschas und der Consuln[1] eingesäumt. Unter anderen befindet sich auch ein vicekönigliches Lustschloss am Wege, das meist vornehmen Fremden, die einen längeren Aufenthalt in Aegypten nehmen, zur Disposition gestellt wird. Die herrliche Allee endet mit dem prächtigen Palais und Garten von Halim Pascha, der ein naher Verwandter vom Vicekönig ist, indess augenblicklich in Ungnade[2]sich befindet. Das Schloss Halim Paschas ist in der That sehenswerth, und man kann sich denken, dass dort Scenen à la Tausend und einer Nacht aufgeführt werden. Dicht vorher ist eine Restauration, von deren Platte man eine entzückende Aussicht auf den Nil und die Pyramiden von Giseh hat.

Die Zeit war indess zu kurz, um Alles das zu sehen, was in Cairo sehenswerth ist, wir mussten Pferde kaufen und was dazu gehört, und bei dem grossen Zusammenfluss von englischen Offizieren, die alle dieselben Sachen nöthig hatten, wie wir, war das keine Kleinigkeit. Mittlerweile waren auch die preussischen Offiziere angekommen, welche die abessinische Expedition mitmachen wollten, Graf Seckendorf und Herr Stamm.

Ueber Cairo füge ich nur noch an, dass die lächerliche Angabe im Adresskalender von Alexandrien, die Stadt habe 800,000 Einwohner, eine französische Aufschneiderei ist, oder vielleicht eine Schmeichelei für den Vicekönig hat sein sollen, der gern seine Hauptstadt den grossen europäischen ebenbürtig an die Seite stellen möchte. Nach meiner ungefähren Schätzung, (gezählt hat man nie in Cairo) hat die Stadt nicht mehr als 250,000 Einwohner; ich habe sie nach allen Seiten hin durchwandert, von mehreren verschiedenen Punkten aus von oben angesehen, und konnte, wenn ich Vergleiche in Gedanken mit anderen Städten anstellte, zu keinem anderen Resultate kommen. Jedenfalls ist 400,000 noch viel zu hoch gegriffen. Das deutsche Element breitet sich immer mehr aus, und Norddeutsche mögen wohl gegen 1000 da sein; die soliden guten Geschäfte und Handwerke werden von Deutschen betrieben. Selbst die Eseltreiber fangen wie die Stiefelputzer, denn auch letztere giebt es schon in der Kalifenstadt, an, deutsch zu rufen, und verstehen sich sehr gut auf Physiognomien, denn einem Deutschen rufen sie zu: "guter berliner Esel" (d. h. ein guter Esel! Berliner!), oder "guter Baron Esel", während sie einem John Bull "mylord donkey" nachkreischen, oder dem Franzosen "Monsieur l'ane". Dass natürlich eine Menge Cafés chantants, abgesehen von den arabischen Kaffeehäusern, wo man sich bei einem

Tschibuk und Nargileh die Ohren zerreissen lässt, in Cairo sind, braucht kaum wohl erst gesagt werden; wo Franzosen sind, giebt es Cafés chantants; an der Esbekieh, diesem herrlichen Platze, der der Stolz einer Hauptstadt in Europa sein würde, aber in den Händen einer mohammedanischen Regierung es nie zu etwas anderem als einem grossen Schmutzgarten gebracht hat, besteht fast die ganze eine Reihe von Häusern aus Hôtels und Cafés chantants.[3] Wir lernten auch einen Oberst kennen, der früher aus der preussischen Armee zur Instruction nach Aegypten commandirt wurde, dann später in ägyptische Dienste selbst übertrat und bis zum Oberst avancirt ist. Herr Blümerl-Bey, so heisst dieser würdige Mann, hatte, obgleich Oberst, seit einem Jahre keinen Sold bekommen. Aber nicht bloss beim Militair traten diese Rückstände ein, und sind, so zu sagen, chronisch, es ist dies in der ganzen Administration der Fall, woher es denn auch kommt, dass all und Jedermann, um sein Leben zu fristen, stehlen und betrügen muss. Als interessante und liebenswürdige Persönlichkeit muss ich noch der Frau v. Lex erwähnen, Gemahlin des russischen Generalconsuls, leider leidet diese Arme schon seit längerer Zeit an einem chronischen Leiden, so dass sie viel der Gesellschaft entzogen wird. Frau von Lex, welche, wenn ich nicht irre, eine Tochter des Kaisers Nicolaus ist, spricht alle lebenden Sprachen mit gleicher Fertigkeit. Uebrigens fehlte es nicht an interessanten Persönlichkeiten in Cairo, der junge Prokesch-Osten war angekommen mit seiner Gemahlin, Hübner und Roon[4] wurden erwartet und überhaupt war in diesem Winter der Zufluss von Fremden, die fast alle nach Oberägypten wollten, so gross, dass der Vicekönig, welcher vornehmen Gästen einen Dampfer oder Dahabioh zur Disposition zu stellen pflegt, sich gänzlich ohne Schiffe sah.

Unterdessen kam immer noch keine Antwort aus Sues und auf eine schriftliche Anfrage, ob die Engländer mir Passage nach Annesley-Bai bewilligen könnten, erfolgte die unbestimmte Antwort, wir müssten ein Telegramm von Bombay abwarten. Unter den Umständen hielt ich es für das Beste, am 21. December mit dem Dampfer nach Sues zu geben. Graf Seckendorf hatte die Güte, meine schwere Bagage und Pferd etc. zu sich zu nehmen, da v. Seckendorf und Stumm als Offiziere schon auf englische Kosten reisten, und mir dadurch bedeutende Ausgaben erspart wurden. Von Seckendorf und Herr Stumm wollten in einigen Tagen nachfolgen. - Man legt den Weg von Cairo nach Sues in der Regel in fünf Stunden zurück, obgleich er gut in drei gemacht werden könnte. Aber wer einen Begriff vom Betrieb der ägyptischen Bahnen hat, wird sich gar nicht wundern, dass wir anstatt fünf, acht Stunden brauchten. Wenn man nur von Aussen die Waggons der Eisenbahn ansieht, so ist man erstaunt, wie zerfallen und schlecht alles im Stande ist, wie dieselben im Anfange von Europa gekommen sind, so hat man sie gelassen; kein Mensch denkt daran, sie einmal anzustreichen oder etwaige Schäden auszubessern, und sind die Wagen erster Classe schon von Alexandrien nach Cairo schlecht, so ist diese Linie wahrhaft abscheulich, sie kleben von Schmutz. Das Beamtenpersonal, das sich aus beliebigen Bummlern zusammensetzt, ist keineswegs uniformirt, alle in mohammedanischer Tracht, läuft der eine ohne Hosen, der andere ohne Hemd einher. Dass alle darauf sehen, ein Profitchen auf Kosten der Regierung zu machen, darf Niemand verwundern, denn ihnen Gehalt, zu geben, daran denkt kein Mensch mehr, so kommt es denn vor, dass ein Drittel der Reisenden für halben Preis reist, da sie die Billets von den Beamten nicht nehmen, sondern diesen dafür das Geld baar zahlen. Eine andere grosse Unannehmlichkeit ist noch die, dass auf der ganzen Strecke von Cairo nach Sues keine Erfrischungen zu bekommen sind; der traurige Weg, man durchschneidet eine vollkommene Wüste, trägt noch mehr dazu bei, diesen Mangel fühlbar zu machen, und ich rathe allen Reisenden, sich ja bei ihrem Abgange mit etwas Ess- und Trinkbarem zu versehen.

In Sues wurde ich an der Station vom preussischen Consularagenten Herrn Bronn empfangen, und nachdem ich mein Gepäck im Victoria-Hôtel untergebracht hatte, begaben wir uns sogleich aufs englische Bureau, um zu erfahren, ob eine Antwort auf das Telegramm eingetroffen. Das war nun leider nicht der Fall, obschon dreimal telegraphisch in Bombay abgefragt war, man also nahe an 500 Frs. verausgabt hatte. In den folgenden Tagen kamen auch Graf Seckendorf und Stumm und logirten sich ebenfalls im Victoria-Hôtel ein, was allerdings äusserst schlecht war, indess den Vortheil gewährte, dass jeder sein eigenes Zimmer haben konnte. Das andere Hôtel, das sogenannte englische oder Sues-Hôtel ist das beste in ganz Aegypten, war indess in jenen Tagen immer so überfüllt, dass die meisten Herren im grossen Salon oft zu dreissigen zusammen schlafen mussten. Von der Peninsularcompagnie gegründet, ist es eigentlich nur für die nach Indien und China gehenden Passagiere bestimmt und hat noch das Eigenthümliche, dass, wie an Bord des Schiffes, eine Abtheilung und table d'hôte erster Classe und eine andere für Passagiere zweiter Classe existirt. Sonderbar ist auch, dass im Hôtel selbst sich die englische Kirche befindet.

Sues, jetzt im Aufblühen begriffen, (vor zwanzig Jahren hatte es kaum 500 Seelen, während es jetzt nahe an 20,000 Einwohner zählt), ist sonst einer der unangenehmsten Orte der Welt, kein Baum oder Strauch erfreut das Auge; überall, wohin man sieht, ist Wüste und kahle Berge. Die Stadt selbst unter ägyptischer Administration ist ebenso schmutzig, wie jede andere in diesem Lande, indess sind die Hafenanlagen, die grossartigen steinernen Molos, die Doks, in denen die grössten Schiffe reparirt werden können, bewundernswerth. Der Verkehr ist durch die englische Expedition natürlich sehr gesteigert, alles hat einen netten Impuls bekommen, und die Preise haben damit natürlich gleichen Schritt gehalten. So bezahlt man im Hotel für Kost und Logis ohne Wein per Tag 80 Frs., für einen Diener 10. Letztere sind in ihren Forderungen derart, dass man, falls man ihnen Kost giebt, sich mit 20 Thaler monatlich begnügen, während man keinen ohne Kost für minder als 30 Thaler bekommen kann. Natürlich haben die Canalbauten auch viel Einfluss auf diese Verhältnisse gehabt, mehr indess noch die abessinische Expedition. Die Ausgaben dafür sind ganz fabelhaft, allein die Miethe der Aziziedampfer, jedes zu 100 Pfund Sterling per Tag, kostet eine Summe, die jetzt schon auf Hunderttausende sich beläuft.

Am 28. war noch keine Antwort von Bombay, die preussischen, italienischen und englischen Offiziere wurden indess mit einigen hundert Maulthieren an Bord der Great Victoria eingeschifft und Graf Seckendorf hatte wieder die Güte, mein Pferd und Diener mitzunehmen, da ich die Absicht hatte, nur noch einige Tage zu warten, ich hatte selbst auch noch nach London an Sir Northcote, Chef vom Indian Board, telegraphirt; aber ich ärgerte mich nicht wenig, als ich nach Sues zurückkam, (ich hatte die Herren an Bord begleitet), endlich eine Depesche von Bombay vorzufinden, mit der Weisung, mich einzuschiffen. Wäre sie einige Stunden eher gekommen, so hätte ich mit der Great Victoria fahren können. Indess fehlte es an Dampfern nicht, und schon am 30., also noch im alten Jahre, fand ich den ägytischen Dampfer Yambo bereit, auszulaufen. Dieser hatte das Angenehme, dass er kein Vieh an Bord hatte, sondern bloss Proviant; ausserdem war ich der einzige Passagier. So viel Raum ich nun auch hatte, ich konnte mir die beste Cabine aussuchen, so war ich andererseits verpflichtet, für meinen Unterhalt zu sorgen, da die ganze Mannschaft, vom Commandanten an bis zum Jungen, aus Arabern bestand. Herr Bronn war indess so freundlich, mir Bier und einige Flaschen Cognac aus dem indian stock in Sues zu verschaffen, und Capitain Willaugby, der alle Einschiffungen in Sues zu besorgen hatte, empfahl mich dem englischen Ingenieur an Bord, der es denn auch übernahm, mir Speise von seinem Tische zu geben. Es war dies um so angenehmer, als ich sonst gezwungen gewesen wäre, blos Nachts zu essen, denn wenn auch der Commandant und seine Offiziere recht gute Küche zu haben schienen, sich sogar oft der Gabeln bedienten, Tischtuch hatten, ja manchmal statt aus Einer Schüssel zu fingern, sich die Speisen auf Teller legten, so wäre es für mich unangenehm gewesen, ihre Einladungen annehmen zu müssen, da sie bloss des Nachts assen: der Ramadhan hatte angefangen. Im Uebrigen waren es die liebenswürdigsten Leute, und ich bewundere ihre Geduld: alle, vom Commandanten bis zum Spielvogel, hatten seit Monaten keine Gage mehr bekommen. Mit Ausnahme des Commandanten, nahm ich gleich die Offiziere in meinen Dienst[5], Stewards oder Kellner waren ausser dem für den Commandanten keine an Bord; der erste Offizier oder Obersteuermann nahm es daher auch gar nicht übel, als ich ihn aufforderte, mein Bett zu machen und die Stube auszukehren; sie freuten sich im Gegentheil, noch einen Prussiano, dies ist jetzt für die Araber ein legendenhaftes Volk geworden, zu haben, der in ihrer Muttersprache mit ihnen sprechen konnte, und nichts war ihnen lieber, als vom Sultan Uilem und dem Grossvezier Bi-Smark zu sprechen. Natürlich waren diese beiden Persönlichkeiten, d. h. König Wilhelm und Graf Bismarck, Leute für sie, wie Harun ar Raschid und sein Vezier Djaffer und namentlich der Name des Grafen Bismarck, den sie sich Bi-Smark übersetzten, d. h. mit Kraft[6], gab ihnen viel zu denken.

Wir verliessen, durch die vielen englischen, französischen und ägyptischen Dampfer hindurchfahrend, Sues um 4 Uhr Nachmittags am 30. December bei vollkommenem Sommerwetter. Rechts und links hatten wir die sonderbar geformten Berge des Sues-Busens und behielten sie auch in Sicht bis zum Abend des folgenden Tages, nachdem wir schon wirklichen Abschied vom Lande am Sylvester um 4 Uhr Nachmittags nahmen, mit Ras Mohammed und der Insel Scheduan. Aber noch Abends am letzten Neujahrtage hatten wir bei Mondschein immer Land im Gesicht; am 1. indess des Morgens, als ich auf Deck kam, sah man nur die tiefblauen Wellen des Rothen Meeres, alles Land war verschwunden.

Am 5. Januar, also am Sonntage, liess der Commandant des Dampfers, Abd-Allah-Effendi, am Abend bei der Insel Haras (Harat der Petermann-schen Uebersichtskarte von Abessinien) beilegen, da er sich nicht traute, Nachts so nahe der Küste und wegen der vielen Riffe, wie er sagte, weiter zu fahren. Wir hatten übrigens einen Piloten bei uns, der indess nichts mehr von der See zu verstehen schien, als Abd-Allah selbst. Das Leben an Bord fing mir nachgerade an, überdrüssig zu werden; das fortwährende Geschrei und Pfeifen, Jeder wollte immer zum Commando sein Wort mit einlegen; der Schmutz, die zerlumpten Gestalten der ganzen Mannschaft vom Commandanten an bis zum letzten Matrosen, machten den Aufenthalt an Bord dieses ägyptischen Dampfers der Aziziecompagnie keineswegs zu einem angenehmen. Gleich am ersten Tage entdeckte ich, dass in meiner Cabine ein förmliches Ameisennest war, deren Höhle zwischen der doppelten Wandung hinter meinem Bette war, von wo aus sie Strassen nach allen Richtungen hin hatten; es war die kleine rothe afrikanische Ameise, die übrigens den Menschen nicht gefährlich ist. Natürlich fehlte es an anderem Ungeziefer auch nicht, verschiedene Fliegen und Käfer, kleine und grosse, hatten ungestört Besitz ergriffen von den fast immer leer stehenden und nie gereinigt werdenden Cabinen. Ich war daher froh, als wir Montag Morgen, am 6. Januar, Massana gegenüber waren, also hoffen konnten, bis Mittag vor Zula zu sein.

2. Lager von Mulkutto und Abreise nach Senafe

Um 2 Uhr Nachmittags warfen wir Anker in Mitten einer grossen Anzahl von Dreimastern, fast lauter Dampfern. Die letzte Fahrt, bei dem zwischen Massana und der Annesley Bay liegenden Gadam-Berg vorbei, der nach Norden zu vollkommen mit grünem Buschwerk bewachsen war, dann auf der anderen Seite die Dessi-Insel, fortwährend an den kleinen Araberschiffen mit ihren lateinischen Segeln vorbeifahrend, war äusserst interessant. Und nun der Hafen erst, oder vielmehr die Rhede von Zula, wenn man nicht die ganze Annesley Bay den schönsten Hafen der Welt nen-

nen will. Vom Schiffe aus konnte ich das rege Treiben einiger Tausend Menschen, die beschäftigt
waren, den grossen Damm, der als Molo ins Meer
führt, fertig zu machen, denn er ging schon beinahe einen Kilometer weit ins Meer hinein, betrachten. Aber meine erste Sorge war jetzt ans Land zu
kommen, obgleich uns die an Bord kommenden
Piloten gesagt hatten, dass Herr Napier noch an
Bord seiner Fregatte sei; es war mir darum zu
thun, meine Empfehlungsbriefe abzugeben, um
mich dann so bald wie möglich zu installiren. Ein
Boot unseres Aegypters brachte mich schnell
durch das Gewirr von Schiffen hindurch ans Ufer,
und im Zelte des Times-Correspondenten, dem ich
auch einen Brief zu überbringen hatte, fand ich
einen Adjutanten des Generals, der mir sagte, dass
Alles für mich in Ordnung sei, und ich am folgenden Tage ans Land kommen möchte. Ich sagte
dann noch schnell den beiden preussischen Offizieren guten Tag, die erst am selben Tage ausge-
schifft waren und gerade ihre Zelte bezogen, um
wieder an Bord zurückzukehren. - Der Adjutant
sagte mir zugleich, dass Sir Robert Napier einen
Brief von Seiner königl. Hoheit unserem Kronprin-
zen wegen meiner Unternehmung erhalten habe,
und dem hatte ich es wahrscheinlich zu verdan-
ken, dass man mich mit so grosser Bereitwilligkeit
aufnahm.

Am anderen Tage liess ich mich dann ans Land
setzen und fand ein sehr geräumiges Zelt im Generalstabe für mich aufgeschlagen, dicht bei dem der
preussischen Offiziere. In dieser Beziehung waren
alle Offiziere so ausgestattet, wie es in Frankreich

kaum die Generäle sind, denn in Deutschland haben in Campagne die Armeen keine Zelte. Die meisten Zelte waren so gross, dass 40 Soldaten hätten darin campiren können, und alle waren doppelt und so hoch, um hinlänglich Luftzug zu gewähren.

Aber schon gleich am ersten Tage sollte ich einen Begriff von der Hitze haben, wie sie, und nachher sah ich dies, fast fortwährend mit afrikanischer Gleichmässigkeit an der Küste des Rothen Meeres herrscht; das Thermometer stieg im Schatten bis auf 30deg.[7], gewiss für Januar eine bedeutende Hitze, und Morgens kam es nie unter 20deg.. Dabei war die Feuchtigkeit eine ganz ungewöhnliche, das Hygrometer erreichte manchmal 90deg., war aber nie unter 60deg.. Ich denke übrigens, dass die Feuchtigkeit im Winter eine gesteigerte ist, indem die Regenzeit des Mittelländischen Meeres sich ans ganze Rothe Meer und an dessen afrikanischer Küste nach Süden bis zur Strasse von Babel Mandeb hinab erstreckt, und selbst auf eine Distanz von einigen deutschen Meilen ins Innere hineingeht. Es ist dies auffallend genug, da einestheils die Regenzeit des Mittelländischen Meeres sich nicht ein Mal auf Nordägypten erstreckt, dann auch nicht die Ostküste des Rothen Meeres, die arabische Halbinsel mit berührt. Indess hat in Aegypten in Beziehung des feuchten Niederschlages auch ein bedeutender Wechsel stattgefunden, während es früher z. B. in Cairo fast nie regnete, wird es jetzt regelmässig von der Mittelmeersregenzeit in Mitleidenschaft gezogen und letzten Winter fanden so starke Regengüsse in Cairo statt, dass viele Häuser, von vornherein nicht gebaut, um dem Wasser Widerstand leisten zu können, dabei zu Grunde gingen. Die Winde, fast immer aus Norden kommend, sind, obgleich nicht heftig, doch Mittags sehr unangenehm, weil sie eine Menge Staub mit sich führen; nie steigerten sie sich über 2deg. Stärke (ein widerstandsloser Orkan zu 6deg. angenommen, da es die Transportmittel nicht gestatteten, einen Windmesser mitzunehmen) und Morgens, Abends und Nachts war fast immer complete Windstille.

Man hatte mich gefragt, welchem Stabe ich zugetheilt zu werden wünsche, und ich, nach genommener Rücksprache mit den preussischen Offizieren, sagte, dass es mir einerlei wäre, vorausgesetzt, wenn ich mit diesen Herren zusammen bleiben könne. Es wären mir zwar manche Vortheile erwachsen, wenn ich, wie ich konnte, im Stabe des commandirenden Generals selbst geblieben wäre, andererseits erwuchsen mir so viele Annehmlichkeiten durch das Zusammenhalten mit meinen Landsleuten, dass ich keinen Augenblick zögerte, ihre Geschicke theilen zu wollen. Das enorm theuere Leben im Lager, wo alle Gegenstände einen fast zehn Mal höheren Preis hatten, als in Europa, konnten wir uns durch ein Zusammenhalten etwas erleichtern. Als Beispiel führe ich an, dass es gar nicht möglich war, Diener unter 6 Pfund Sterling monatlich zu bekommen und in diesen selben Verhältnissen war das ganze Leben.

Nachmittags am folgenden Tage liess ich mich ans Land setzen und begab mich zum Stabe der Division Staveley, dem die preussischen und italienischen Offiziere zugetheilt waren; auch mir wurde gleich an demselben Tage ein grosses geräumiges Zelt dicht neben dem der preussischen Offiziere angewiesen, so dass keiner von uns nöthig hatte, sein eigenes Zelt aufzuschlagen. Wir arrangirten uns dann so, dass wir Fremden mit den Stabsoffizieren der Division eine Messe oder Esstisch zusammen einrichteten.

Erst einige Tage später wurden wir Sir Robert Napier, dem commandirenden General der Expedition, vorgestellt; er war so mit Geschäften überhäuft, dass er uns nicht gleich sehen konnte. Am selben Tage, als wir vom General empfangen wurden, lud er uns ein, ihn an Bord der im Hafen liegenden ägyptischen Fregatte zu begleiten, um dem Commandeur derselben, einem Bascha, einen Besuch zu machen. Natürlich gab es dort Tschibuk und Kaffee und während der ganzen Zeit hörte die recht hübsch gekleidete Musik nicht auf, unsere Ohren zu martern mit disharmonischen Ambermelodien; als wir fortgingen, spielten sie indess "God save the queen" nicht übel und 19 Kanonenschüsse, oder waren es 21 ? drückten dem Ganzen einen feierlichen Stempel auf. Von da fuhren wir nach den sogenannten Hospital-Schiffen, grosse Transportdampfer, die zur Aufnahme der Kranken eingerichtet waren. Jedes hatte 250 Betten und da vier vor Zula lagen, so war Aufnahme von 1000 Kranken möglich. Die Einrichtung war ganz ausgezeichnet, man könnte sagen, dass sie zu luxuriös war, wenn überhaupt zu viel Aufwand für Kranke gemacht werden kann. Die Schiffe hatten jedoch den Fehler, dass sie von Eisen waren und die Ventilation eine mangelhafte war. Die Hitze stieg jetzt im Januar schon auf über 30deg., wie hoch musste sie also im Sommer kommen. Wir inspizierten sodann die verschiedenen Bauten am Hafen, den grossen, steinernen Molo, der jetzt schon einen Kilometer weit ins Meer hineinführt und später einen bequemen Abladungsplatz geben wird. Auf demselben läuft eine Eisenbahn, die bis an die Berge, also ca. 3 Stunden lang, gehen soll. Die Anlagen sind so grossartig, dass man staunen muss; allein mit Geld ist Alles zu bewältigen. Natürlich sind die Vorposten, die augenblicklich, Anfang Januar, in Senafe stehen, telegraphisch mit Zula verbunden.

Obgleich man uns Anfangs gesagt hatte, dass wir zur Avantgarde aufbrechen könnten, wenn wir wollten, so wurde diese Erlaubniss aus Mangel an Maulthieren nachher wieder aufgehoben. Man wollte die Anhäufung von Lebensmitteln und Vorräthen in Senafe möglichst beschleunigen, um dann schneller vorwärts gehen zu können. Was die Eingeborenen Schoho, Habab und die im Lager beschäftigten Abessinier am meisten bei diesen, bei ihnen nie gesehenen Dingen in Verwunderung setzte, war die Lieferung von Süsswasser, welches durch Condensationsmaschinen täglich in einer Quantität von circa 200 Schiffstonnen destillirt wurde: "Gott lässt deshalb dies Jahr nicht regnen," sagten sie, "weil ihr selbst das Geschäft übernommen habt." Dann konnten sie gar nicht die Gelehrigkeit der Elephanten begreifen, welche die Engländer aus Indien Transports halber hatten kommen lassen; sie kannten sie ja nur vom wilden Zustande her. Die Gelehrigkeit dieser Thiere ist in der That bewunderungswerth; ich hatte Gelegenheit, die Ausschiffung dreier dieser Ungeheuer zu sehen, wie sie zuerst von dem grossen Transportdampfer auf ein Schaland hinuntergelassen wurden, welches sie dann an den steinernen Damm brachte. Sie waren dann vollkommen frei, gehorchten nur auf die Stimme ihrer Wächter und wussten es so einzurichten, dass das Schaland während der Fahrt, sie waren zu Dritt, fortwährend im Gleichgewicht blieb. Man benutzt sie hauptsächlich zum Transport des schweren Geschützes und der Munitionskisten und sie selbst beladen sich mit den Kanonen, indem sie dieselben mit den Rüsseln ergreifen und sie auf die Seiten hängen. Ein Elephant vermag mit Leichtigkeit auf diese Art zwölf Centner zu tragen.

Man suchte es sich indessen im Lager so bequem wie möglich zu machen, obgleich die grösste Zeit des Tages über an Arbeiten der Unzahl von Fliegen wegen und der grossen Hitze, die im Schatten von 11 Uhr Vormittags an bis 5 Uhr Abends sich immer auf + 30deg. C. hielt, gar nicht zu denken war. Vermehrt wurde diese Pein durch einen regelmässig gegen Mittag aufkommenden Nordwind, der an und für sich ganz angenehm gewesen wäre, uns aber, mit Staub geschwängert, den er aus der unmittelbaren Nähe des Lagers aufjagte, sehr lästig wurde. Wenn aber die Tage unerträglich waren, boten die Nächte Ersatz, die Temperatur war dann 20deg. und es herrschte immer vollkommene Windstille.

Nach und nach kamen denn auch berühmte Persönlichkeiten. Krapf und Markham von der geographischen Gesellschaft in London, befanden sich schon in Senafe, Grant, der Gefährte Speke's, war hier, Werner Munzinger war von Senafe in Begleitung des General Merewether, welcher die Seele der Expedition ist, hier eingetroffen. In Letzterem lernte ich einen der liebenswürdigsten und gescheitesten Männer kennen, was man vom commandirenden General eben nicht sagen konnte. In der That kann man dreist behaupten, dass, wenn Sir Robert nicht einen so tüchtigen und energischen Mann im quarter master general Oberst Phayre gehabt hätte, die Campagne jedenfalls zwei Jahre gedauert haben würde.

Das Lager an und für sich bot den eigenthümlichsten Anblick: Sowie man vom Molo kam, stiess man zuerst auf die angehäuften Vorräthe, verschiedene Commissariate, Behörden, Fabriken etc. etc., indess so schlecht waren dieselben placirt, dass am 11. Januar beim Eintritt einer hohen Springfluth für einige Tausend Pfund Sterlinge Sachen verdarben, alles schwamm im Wasser. Das übrige Lager war so entsetzlich unregelmässig aufgebaut, trotzdem man die schönste Ebene zur Disposition hatte, dass es sehr schwer gehalten haben würde, einen Plan von Mulkuttu, so heisst das Lager von Zula, zu machen. In der That fand man kaum einige gerade Zeltstrassen, die einzigen, die noch einigermassen ein ordentliches Ansehen hatten, waren die vom Hauptquartier. Uebrigens änderte das Lager auch alle Tage sein Aussehen, heute kamen Truppen und wurden am folgenden

Tage schon wieder von anderen verdrängt, um ins Gebirge zu gehen. Eine lange Reihe Verkaufsläden hatte sich auch schon gebildet, der sogenannte Bazar, und alle Tage wurde diese Strasse länger und eine zweite entstand bald daneben. Hier herrschte das bunteste Treiben, Araber, Türken, Schoho, Habab, Abessinier mit kraus gelocktem Haar, Soldaten, Matrosen, Europäer, alles trieb sich dort durcheinander und von der einfachsten aus Baumzweigen zusammengesetzten Hütte bis zu schönen aus Holz aufgeführten Häusern, sah man, dass arm und reich darauf hin arbeite, Geld zu machen. In der Mitte des Bazar sah man an einem Kreuzwege ein Zelt von hoher englischer Flagge überschattet, unter derselben hatte man einen Dreifuss hingezimmert, wo alle Morgen die zudictirten Strafen Knutenhiebe ausgetheilt wurden; und da war kein Unterschied, der europäische Kaufmann erhielt für ein Vergehen so gut wie der ganz nackte Abessinier seine Dutzende Hiebe, der englische Soldat so gut wie der aus Indien. Wollte man durch diese hohnsprechende Oeffentlichkeit einer degradirenden Strafe abschrecken oder ist das in England, welches sich zu den freiesten und civilisirtesten Ländern der Erde zählt, so Sitte. Möglich, dass man uncivilisirte Völker nur mit dem Stock regieren kann, warum aber europäische Kaufleute und englische Soldaten auf gleiche Stufe hinabsetzen? Insofern hielt indess das englische Commando gute Ordnung, als es den Branntweinverkäufern streng verboten war, Matrosen ohne einen Schein eines Offiziers Schnaps zu verkaufen.

36

Am 11. Januar schickte Djemil Pascha, Commandeur der ägyptischen Fregatte Ibrahimia, eine Einladung für General Napier und seinen Stab, an Bord des Schiffes zu speisen, natürlich waren wir Fremden alle mit eingeschlossen. Um 7 Uhr Abends ritten wir hinunter an den Peer, wo wir ein Schiff zu unserer Aufnahme bereit fanden. Eine wunderbar schöne Nacht, ausnahmsweise wehte ein leiser Südwind (sonst ist in dieser Jahreszeit der Wind immer nördlich) und wenn auch in Südosten schwarze Wolken am Himmel lauerten, so war derselbe doch vollkommen rein und bei abwesendem Mondschein funkelten die Sterne um so heller. Aber wenn es schon reizend aussah, die hundert Dreimaster alle mit Laternen auf ihren Masten zu sehen, so hatten wir heute das wunderhübsche Schauspiel eines erleuchteten Schiffes und wer da weiss, wie weit die Türken und Aegypter es in der Illuminationskunst gebracht haben, kann sich eine Vorstellung dieses Spectakels machen, wenn ich sage, dass alle Rahen, die Mastbäume und dicken Tauwerke mit unzähligen kleinen Lämpchen behängt waren, welche auf diese Art mathematische Feuerfiguren bildeten, die, so wie wir uns der Fregatte näherten, immer eine andere Gestalt annahmen. Wir mochten im Ganzen 80 Personen da sein, denn ausser Napier's Stab waren die Chefs der einzelnen Abtheilungen, die im Hafen anwesenden englischen und französichem Marineoffiziere eingeladen, und zudem hatten zwei andere in der Bucht liegende ägyptische Kriegsschiffe, die auch illuminirt waren, indess

minder reich, ihr Contingent an Offizieren geschickt.

Sobald wir an Bord kamen, spielte wieder die ä-
gyptische Musik ihre Nationalhymne und wir
wurden nach den Begrüssungen aufgefordert,
Platz zu nehmen. Unter der Zeit wurden die
Tischarrangements beendet. Ein grosser hufeisen-
förmig gesetzter Tisch nahm das ganze Quarterd-
eck ein. Um 8 Uhr setzte man sich zur Tafel, Jeder
konnte sich seinen Platz nehmen, und so wollte
der Zufall, dass ich zwei ägyptischen Offizieren
gegenüber kam, von denen der eine, Hassan Effendi, Oberst und Adjutant von Abd-el-Kader-
Pascha, derzeitig Gouverneur von Massaua war.
Da sie nicht wussten, dass ich arabisch verstand,
so bekam ich einige eigenthümliche Reden von
ihnen zu hören, eben nicht allzu schmeichelhaft für
uns, wenn sie wahr gewesen wären; aber man
kann sich einen Begriff von der Bildung des Herrn
Oberst machen, als er, wenn Scherry herumge-
schenkt wurde, zu seinem Cameraden sagte: "ich
trinke diesen Cognac nicht, sonst werde ich zu
schnell besoffen." Komischer Weise hatte sich der
einschenkende Kellner vergriffen: er goss uns sau-
ren Claret ein. Im Uebrigen war das Diner ausgezeichnet, das Service alles von Silber, die Gedecke
von tadelloser Reinheit und Weisse. Was die Wei-
ne anbetrifft, nun, da kann man den Aegyptern,
die ja keine Weintrinker sind, keinen Vorwurf machen, dass manche schlechte Sorte sich mit einge-
schlichen, Einige erhielten sehr guten, Andere
kaum trinkbaren Wein; reichlich waren sie da und
die Engländer konnten in Champagner, der viel-

leicht erst in Alexandrien fabricirt worden war, schwelgen. Hassan-Effendi, mein Vis à vis, genirte sich indess sehr, seinem Durste freien Lauf zu lassen, denn es war a Ramadhan, und selbst die Neutürken sehen in dieser Zeit etwas aufs Decorum, und nun hier, in Gegenwart von all den mohammedanischen Matrosen, die vielleicht auch gern getrunken hätten, aber bloss Kellnerdienste verrichteten, was sie ebenso gut konnten, wie Leporello, als er Don Juan bediente, waren sie erst recht genirt. Aber Hassan-Effendi fand bald ein Mittel, zu trinken, ohne dass es von seinen Correligionären bemerkt wurde. Neben ihm sass der italienische Major, Herr Bacon, der keinen Rheinwein trank; diese Flasche mit einer anderen Hochheimer annectirte sich Hassan-Effendi, stellte sie unter den Tisch, und nun über und unter dem Tische trinkend, steuerte er rasch auf das Stadium zu, welches die Mohammedaner Kif, d. h. Glückseligkeit, nennen. Der Champagner vollendete unsern Effendi ganz und gar. Während des Diners spielte die Musik und vom Vorderdeck der Ibrahimia wurde ein Feuerwerk abgebrannt. Was mochten wohl die Schoho und anderen Habessinier davon denken, als sie dies Feuerschiff und dann die in der Luft platzenden Raketen funkeln sahen. Diese ganze Festlichkeit dauerte bis Mitternacht, wo wir wieder in unsere von Schakalen umschwärmten Zelte heimkehrten.

Am 17. Januar endlich hatte man uns bewilligt, von Mulcutto auf brechen zu können, jedoch mit der Bedingung, den Taconda-Pass, welcher das eigentliche Hadasthal ist, hinaufzuziehen und ganz uns selbst auszurüsten und zu verproviantiren. Warum man uns verweigerte, den Komeilo-Pass hinaufzugehen, welcher jetzt eine fahrbare Strasse hatte und überall bequeme Haltestationen bot, konnte ich nie erfahren, ich glaube, es war bloss, um uns fühlen lassen, dass man Herr im Lande sei. Es war dies umsomehr zu verwundern, als man gleich darauf einem gewissen Lord Adair bewilligte, diesen Militär-Pass, wenn ich so sagen darf, zu benutzen; aber freilich ein "Lord" ist in den Augen der Engländer ein grosses Ding, und Lord Adair war noch dazu Correspondent eines Blattes, das englische Commando hatte also alle Ursache, ihn zu schonen. Wir kauften uns zu unserer Reise fünf Maulthiere, mein Reisegefährte hatte deren ausserdem schon zwei, und verproviantirten uns auf dem Markte von Zula. Das englische Commando endlich lieh uns Sättel zur Bepackung unserer Lastthiere. Herr Munzinger hatte die Güte, uns einen Führer und zwei zeitige Diener aus dem Stamm der Assarta, welche zu der Schoho Tribus gehören, zu miethen. So ausgerüstet traten wir Morgens unseren Marsch an; aber wenn ich auch oft schon Reiseantritte in Afrika erlebt bitte, und aus Erfahrung wusste, dass der erste Tag immer mit Hindernissen aller Art verknüpft ist: Das Gepäck ist nicht richtig vertheilt, Stricke reissen, das Vieh ist ungelehrig, schmeisst ab, die Diener verstehen ihre Sachen noch nicht etc. etc., aber so etwas hatte ich noch nie erlebt, gleich im Lager schon schmissen unsere Thiere, weil sie schlecht gepackt waren, ab, und die sogenannten englischen Bombay-Sattel waren der Art, dass an gut

Packen gar nicht zu denken war. Wir brauchten bis Hadoda, der ersten Etappe, circa 15 engl. Meilen von der Küste entfernt, und in den ersten Ausläufern der abessinischen Bergketten gelegen, fast 9 Stunden. Und diese legten wir ohne Wasser, in der grössten Tageshitze bei einem sehr staubigen Wege zurück. Der Weg, der zur Regenzeit sehr hübsch hätte sein müssen, denn rechts und links zeigten sich Prärien voll hohen verdorrten Grases und überall war Buschwerk von Lotus, Euphorbien, Mimosen etc., bot jetzt nur das Bild einer verdorrten Gegend, wie man sie bei uns im Winter sieht. Das alte Adulis links liegen lassend, berührten wir den kleinen Ort Aftah, bloss aus einigen elenden Hütten zusammengesetzt, und kamen beim Dunkelwerden in die Schlucht von Hadas, wo derselbe zwischen fast 1000' hohen Wänden sich in die Ebene einen Durchbruch gemacht hat. Leider war es so dunkel, dass wir nicht mehr vollkommen die Schönheit dieser imposanten Passage wahrnehmen konnten, aber Hunderte von Affen, die mit Gebell und Geheul uns bewillkommten, zeigten uns bald, dass hier Wasser sein müsse und so war es auch: auf eine schmale Spalte zusammengedrängt und Felsen zur Unterlage habend, tritt das Wasser in der Schlucht zu Tage und bildet einen rieselnden Bach.

Von hier bis zum Lagerplatze von Hadoda, wo ein englisches Depot sich befand, waren nur noch einige Schritte. Mein Reisegefährte war schon lange vorher angekommen, da er wahrscheinlich Hitze und Staub nicht eben für angenehme Reisegefährten zu halten schien.

Das englische Depot, welches aus allerlei Provi-
antanhäufungen bestand und von einem Engländer und mehreren indischen Soldaten bewacht
war, sollte jetzt nach Komeile geschafft werden;
man hatte es gebildet, bevor man den Komeilepass
als näher und gangbarer kannte, jetzt war es daher
vollkommen überflüssig. Wir fanden im englischen Depot die freundlichste Aufnahme, aber
trotz der Müdigkeit wurden wir häufig geweckt
durch das Heulen der Hyänen, der Schakale und
Affen, welche die Nähe des Wassers anlockte.
Obgleich wir am anderen Morgen um 5 Uhr auf
den Beinen waren, konnten wir doch erst um 7
Uhr abgehen, da das Packen so lange aufhielt. Wir
kamen nun bald vollkommen ins Gebirge, d. h. in
das Haddasthal, zu beiden Seiten aus circa 8000'
hohen, ziemlich steilen Bergen gebildet, die oft
sehr enge an einander treten. Wir hatten uns, um
nicht vom Durst, wie am vorigen Tage, zu leiden,
zwei Leute gemiethet, die bis Hamhammo, dem
nächsten Wasserorte im Thale, volle Schläuche zu
tragen hatten. Man hat viel darüber geschrieben,
wie es möglich gewesen sei die Stadt Adulis in
einer Ebene zu erbauen, die einen grossen Theil
des Jahres ohne Wasser ist, einige haben gemeint,
es hätte eine Röhrenwasserleitung von Hadoda
nach Adulis geführt. Ich glaube aber einfach die
Sache so erklären zu müssen, dass der Hadas vor
Zeiten immer Wasser bis ans Meer wird gehabt
haben, und dass die Trockenheit des Bettes durch
die Entholzung der abessinischen Gebirgsketten
entstanden ist. So hat diese Entholzung das Ab-
schwemmen der Erde von den ohnehin schon stei-

len Bergwänden zur Folge gehabt, und diese Erde hat sich als Alluvium an der Küste des Rothen Meeres aufgehäuft. Die einstige Insel Buri ist auf diese Art zu einer Halbinsel geworden, und Adulis ist jetzt mit einer Schicht von 30' hohem Erdschutt bedeckt. Dies bestätigte, mir Munzinger, der sagte, dass bei neulichen Bohrversuchen die Engländer erst bei 30' auf den eigentlichen Grund von Adulis gekommen wären. Der Weg war ziemlich ein einförmig, denn wie gesagt, die Berge entbehrten sehr des Baumschmuckes; vieles Karavanen von Schoa-Leuten, mit Rindshäuten beladen, oder Ziegen und, Rinderheerden vor sich hertreibend, dann grosse Züge von Pavianen und Meerkatzen, neugierig und lärmend auf uns herabschauend, belebten etwas das Bild. Das Wasser im Hamhammo fanden wir brakisch, zogen deshalb weiter nach Ilelea, welches etwas mehr hinauf liegt. Da, wo von Westen das Urrothal einmündet, hatte sich eine reizende Tropfsteinhöhle gebildet, das einzige Sehenswerthe bis nach Ilelea. Aber dieser Ort entschädigte uns reichlich. Ilelea ist ein Seitenthal, das vom Berge Isak-Arak auslaufend ins linke Haddasufer einmündet und zwar mit einer so steilen und engen Spalte, dass man oben durch einfache Balken eine Brücke bilden könnte, und doch sind diese steilen, senkrechten Sandsteinwände einige Tausend Fuss hoch. Hier windet sich von immer grünenden Bäumen beschattet das reinste Quellwasser durch, von einem künstlichen Bassin ins andere fallend.

Der Ort gefiel uns so gut, dass wir hier den folgenden Tag blieben, leider starb uns Nachts ein

Maulthier und lockte nun durch seinen Geruch eine Menge Hyänen herbei, ja des Nachts schleppten dieselben sogar leere Blechbüchsen fort, in denen eingemachtes Fleisch sich befand. Ein merkwürdiges Zusammentreffen hatten wir am Tage mit etwa einem Dutzend Indiern, die von Hadoda in Begleitung einiger Schoho heraufgekommen waren um ihrem Herrn, einen Offizier, entgegen zu gehen. Da dieser nun nicht gekommen war, befanden sich diese Armen in der grössten Verlegenheit, da keiner von ihnen der Landessprache mächtig war, und sie gar keine Lebensmittel bei sich hatten. Zum Glücke sprach einer dieser Hindu etwas englisch, so dass er uns ihre Lage klar machen konnte, wir gaben ihnen Thee und Zwieback und sagten ihren Führern, sie sofort nach Hadoda zurückzubringen.

Wie gewöhnlich brachen wir folgenden Tages, sehr spät auf, die Gegend hatte denselben wilden Charakter wie immer, doch änderte sich die Vegetation, auch hatten wir eine Strecke lang bei Dima-Dalara fliessendes Wasser, nach einer Stunde jedoch verschwand dieser rieselnde Bach wieder. Das Thal ist, wie meist immer, sehr eng und von abschüssigen, bloss mit Buschwerk bewachsenen Wänden gebildet. Hauptvegetation ist hier die Tamariske, beinahe immer von Schmarotzerpflanzen erdrückt, auch der Djedja-Baum mit seinen langen Luftwurzeln zeigt sich, und die echte Aloes bordirt überall die Wege. Auch einige vereinzelte Tamarindenbäume sahen wir bei den Tibbubrunnen, aber nur Schattenbilder von dem königlichen Baum, wie ich ihn in Centralafrika zu bewundern

Gelegenheit hatte. Ich sah die Tamarinden nur an diesem Orte, der Kälte halber kommen sie höher wohl nicht fort. Statt dessen erscheint dann aber der heimische Wachholder. Was das Gestein betrifft, so findet man im Thalbette selbst an Blöcken und Steinen eine ganze geologische Sammlung, die Wände des Tacondapasses bestehen indess hauptsächlich aus Sandstein, Kalkarten und Schiefer.

Auf diese Art zogen wir den Pass 6 Tage lang hinauf, fast immer zu Fuss gehend, da die Wege so unpassirbar waren, dass an Reiten gar nicht zu denken war. Die schlimmsten Strecken hatten wir jedoch die letzten beiden Tage, und wenn ich daran denke, wie es möglich war, von Messolaï aus mit gepackten Maulthieren die Hochebenen mittelst des Sif-el-Arab (Schwert der Araber) zu erklimmen, möchte ich sagen, nichts ist unmöglich. Von Messolaï an und auch schon einige Stunden vorher zertheilt sich der Hadas, um mittelst vieler vom Plateau von Taconda und Halai herabkommender Schlünde das eigentliche Hadas-Thal zu bilden. Durch den Sif-el-Arab-Schlund erreicht man Taconda, der erste festbewohnte Ort von Abessinien nach dieser Seite hin. Als wir die Denda-Ebene erreichten, die nördlich von Taconda liegt, war mein Aneroid, der nach altem System war (die Engländer verfertigen jetzt Aneroids. die bis auf 20,000' zeigen), abgelaufen, wir hatten also reichlich die Höhe von 9.000 Meter erreicht. Während meine Diener, um auszuruhen von dem Ersteigen des jähen Passes, unter einem schattigen Wachholder lagerten, ging ich gleich weiter nach Taconda, das auf einer Anhöhe gelegen, noch 20 Minuten

von dem Orte, wo das Wasser sich, befand, entfernt war, um zu sehen, ob es zweckmässig sei, im
Orte selbst zu lagern. Ein Mann, dessen Bekannt-
schaft ich sofort machte, bot uns sein Haus an, und
da wir alle unsere Lebensmittel fertig hatten, in
Taconda aber hoffen durften, etwas neuen Proviant zu bekommen, so kehrte ich gleich wieder um,
um unsere kleine Karavane dahin abzuholen. Bald
waren wir denn auch installirt: Ich im Hause
selbst, mein Reisegefährte in seinem Zelte, welches
er im Hofe aufschlug, da er mit Kühen und Ziegen
nicht in einem Zimmer sein wollte, obwohl er im
Hofe von dieser Gesellschaft ebenso wenig getrennt war.

Da wir nach den anstrengenden Märschen sehr der
Ruhe bedurften, so blieben wir in Taconda einen
Tag, obwohl der Aufenthalt an und für sich, wenn
man die schöne Aussicht auf die Umgegend aus-
nimmt, nichts Anziehendes hat. Die Häuser von
Taconda sind aus Steinen und Erde zusammenge-
fügt, mit Balken, Reissig und Erde gedeckt. Ein
grosses Vorzimmer, worin Nachts das Vieh getrie-
ben wird, bildet den Eingang, davon laufen mehrere andere aus, die mehr unterirdischen Höhlen,
als Zimmern gleichen, denn sie sind ohne alles
Licht. Taconda hat vielleicht 50 Gebäude, die alle
sehr gross sind. Die Einwohner, obgleich zu Tigre
gehörend, nennen sich Amhara, um damit anzu-
deuten, dass sie Christen sind, denn hier ist die
Scheidewand zwischen dem Islam und dem Christenthum. Damit will ich jedoch keineswegs sagen,
dass sie mit der christlichen Religion bessere
Grundsätze und Moral hätten, als ihre mohamme-

medanischen Nachbarn; im Gegentheil, was ich hier von den abessinischen Christen sah, befestigte meine Ueberzeugung, dass das Christenthum, ohne die klassischen Ueberlieferungen der Griechen und Römer, sich selbst überlassen, ebenso bald, wie die anderen beiden hauptsemitischen Religionen, das Judenthum und der Islam, zu einer leeren äusseren Form herabsinkt. Die abessinische Religion ist ein lebendes Beispiel davon, und die koptische war nicht besser, bis sie vor wenigen Jahren eine neue moralische Basis durch die nähere Berührung mit christlichen Europäern bekam. Wer in der That die christliche Religion danach beurtheilen wollte, wie sie die Abessinier praticiren, der würde einen schönen Begriff davon bekommen. Und gar nun in Taconda, wo weder Kirche noch Priester sind, war das einzige Zeichen der Bewohner, dass sie Christen seien, ein blaues Band, welches sie denn auch nicht verfehlten, bei jeder Gelegenheit zu zeigen; sie tragen dasselbe um den Hals. Die Männer tragen sonst ein grosses, weissbaumwollenes Tuch, oft, namentlich bei Reichen, mit einem breiten rothen Streifen darin; fast Alle haben enge, weise Hosen, ungefähr wie unsere Unterhosen. Das Haar tragen die Jungen bis zum 15. Jahre in Tonsur, wohl eine Erinnerung an die portugisischen Mönche, denn die abessinischen Pfaffen tragen alle einen weissen Turban; die Männer lassen es entweder, wie die Natur es ihnen gegeben, oder tragen es in den künstlichst geflochtenen Wülsten, wie die Weiber in Centralafrika; alle sind barfuss und meist mit einem sehr krummen Säbel bewaffnet. Die Weiber haben ein Gewand aus Leder, welches um die Hüften durch einen Gürtel festgehalten ist, oben ist es manchmal mit den kleinen Muscheln verziert, die in Innerafrika als Scheidemünze gelten. Ihr Haar ist in sehr viele kleine Zöpfe geflochten und oft mit Perlen durchschmückt, beide, Männer und Frauen, lieben sehr, Butter im Haar zu schmieren, da es ihnen an Oel, wie bei uns, fehlt. Man denke übrigens ja nicht, dass ein Abessinier oder seine Frau alle Tage Haartoilette macht; das geschieht vielmehr höchstens einmal im Jahre oder im Leben, eine grosse Anhäufung von Staub und Schmutz ist daher ganz unvermeidlich.

Ich sah in Taconda nur wenige broncefarbige Leute, welches der eigentliche Hautton der ächten Abessinier sein soll, dennoch wog bei den meisten, obwohl sie schwarz waren, kaukasische Gesichtsbildung vor. Um Taconda herum liegen noch mehrere kleine Dörfer, wie Messaleh im Westen und Dahreh im Süden. Mit genauer Noth erhielten wir Mehl, Gerste, Milch, Butter und ein Schaf, Alles natürlich zu den höchsten Preisen, und ich war wirklich froh, als wir am anderen Morgen diesen Ort verliessen, und zwar nicht mit dem günstigsten Eindruck von den Bewohnern Abessiniens, oder auch nur vom Lande, das uns bis jetzt nur Felsen, fast unersteigbare Pässe und von der Sonne verbranntes Buschwerk und Gras gezeigt hatte. Wir hatten nur noch einen Marsch bis Senafe, wo sich die englische Avantgarde unter dem Befehle des Generals Malcolm befand, aber auch dieser Marsch war schwierig genug und erst Nachmittags um 1 Uhr sahen wir die weissen Zelte der Engländer am Fusse der königsteinartigen Senafe-Felsen. Eine Viertelstunde darauf hielten wir im Lager und schlugen unsere Zelte auf. Von Mulkutto bis Senafe hatten wir mithin, die beiden Ruhetage eingeschlossen, acht Tage gebraucht, denn es war der 23. Januar.

3. Von Senafe nach Antalo

Nachdem wir dem Generalcommando in Senafe unsere Ankunft angezeigt hatten, gingen wir Munzinger und Krapf aufsuchen, fanden Ersteren, wie gewöhnlich, von einem Haufen Eingeborener umgeben, und Dr. Krapf ebenfalls sehr beschäftigt. Letzterer nahm uns indess mit ungemeiner Gefälligkeit auf und wir fanden in ihm einen wahren Landsmann, der es sich zur Ehre rechnete, ein Deutscher zu sein. Mit Bewunderung hörte ich diesen alten Mann, dessen Geist der eines Jünglings zu sein schien, von neuen Reiseplänen sprechen, und wer weiss, ob er sich nicht selbst noch an neuen Entdeckungsreisen würde betheiligt haben, wenn nicht eine Krankheit ihn zur Rückkehr nach der Heimath gezwungen hätte. Nachher besuchten wir den Gefährten Speke's, den Major Grant, Markham von der Londoner geographischen Gesellschaft, und verschiedene Bekannte, welche wir von Zula her kannten.

Senafe selbst ist ein unbedeutender Ort am Fusse steiler Felsen gelegen; die Bewohner sind Christen. Das Lager fanden wir übrigens sehr gut organisirt, besser als das in Mulkutto. Wir fanden eine Post eingerichtet, zwei Hospitäler, eines für Europäer, eines für indische Soldaten. Breite und gerade Wege durchschnitten das Lager in Quartiere, welche von den verschiedenen Regimentern innegehabt waren. Auch die Administration war schon gut versehen, aber doch noch nicht so, wie man nach Vollendung des Weges durch den Komeile-Pass hätte erwarten können. Wenn ich denke, als die Franzosen in Marokko die Expedition gegen die Beni Snassen machten und fast ebenso weit ihre Lebensmittel und zwar durch Feindesland zu schleppen hatten, kann ich nicht genug bewundern, mit welcher Geschwindigkeit und Fülle alle Lebensmittel auf den Bergen von den Beni Snassen zusammengehäuft wurden. Aber freilich, der Franzose ist gewohnt, auf seinem Rücken für 4 oder 5 Tage Lebensmittel mitzutragen, während der englische Soldat nicht nur nichts trägt, sondern auch seine 21/2 Diener (es ist berechnet, dass auf jeden Soldat 21/2 arbeitende Leute kommen oder zwei englische Soldaten haben fünf Civilleute zur Disposition, dies ist natürlich nur bei dieser abessinischen Expedition der Fall, denn ich glaube kaum, dass es in England so sein wird) leer gehen. Man kann also denken, wie schwer es bei der Einrichtung einer solchen Truppe ist, Proviant fortzuschaffen.

Die paar Tage, die ich in Senafe blieb, waren übrigens mit Schreiben, Ausbessern und Visiten schnell hin, Abends waren wir eingeladen, entweder bei General Merewether oder bei General Malcolm, und nach dem Essen ging es in der Regel gleich zu Bette. Ich kann übrigens nicht umhin, die Mässigkeit der englisch-indischen Offiziere im Trinken zu rühmen; freilich hatten in Senafe nur noch die Generäle und höheren Offiziere einen vollkommenen Weinstock, aber auch in Mulkutto, wo jedes Getränk, wenn auch theuer genug, zu haben war, habe ich nie irgend eine Ausschweifung der Art bemerkt.

Es kamen nun auch ausser den Photographen und dem sogenannten wissenschaftlichen Corps, die schon da waren, ein ganzer Tross von Zeitungscorrespondenten (vor denen die Engländer, beiläufig gesagt, grosse Furcht haben und welche den englischen Offizieren wohl mehr Angst machen, als Negus Theodorus), der der Times war krank im Komeile-Pass geblieben, aber zwei andere, ich weiss nicht von welchen Blättern, von denen der eine ein kleiner buckliger Kerl war, der sich gleich bei seiner Ankunft äusserst giftig mit einem Offizier disputirte, weil man ihn übersehen hatte (und er war kaum 3 Fuss hoch), endlich wie schon gesagt, Lord Adair, der Correspondent für den Dayly Telegraph, bildeten eine eigene Clique. Auch Graf Seckendorf, der in Mulkutto zurückgeblieben war, traf ein und mit ihm die italienischen Offiziere. Wir sollten indess nicht lange zusammenbleiben und am Tage, als Major Grant und Munzinger nach Adua zum König Kassa geschickt wurden, sann ich auch ernstlich darauf, vorwärts zu kommen. Die Herren waren zu Kassa geschickt, um ihn der Freundschaft der Engländer zu versichern und zu bestätigen, dass sie keineswegs gesonnen seien, irgendwie und wo in Abessinien festen Fuss zu fassen, endlich hatten sie eine Einladung zu einer Zusammenkunft mit Sir Robert Napier zu überbringen, die bei Debra-Damo stattfinden sollte; natürlich war mit dieser Gesandtschaft die Ueberbringung reicher Geschenke verbunden.

Unterdessen waren Briefe von den Gefangenen in Magdala gekommen, welche die Lage derselben, wie immer sehr traurig, darstellten, und den Wunsch ausdrückten, die englische Armee möchte sobald wie möglich kommen, wenn sie nicht von Theodor überholt sein wolle, der nur zwei Tagemärsche mehr von Magdala entfernt sei. Es wurde nun beschlossen, mit Energie rasch vorzugehen, umsomehr, als der Weg bis Senafe so weit fertig war, dass er mit Wagen befahren werden konnte, also jetzt die Vorräthe bis dahin wenigstens auf leichte Weise hinaufgeschafft werden konnten.

Der Oberst Phayre, Chef des abessinischen Generalstabes, war ausersehen, zuerst vorwärts zu rücken, theils um den Weg aufzunehmen, theils um die nachfolgenden Truppentheile über die zu erwartenden Terrainhindernisse und die mögliche Verproviantirung zu benachrichtigen. Durch Krapf's Vermittelung war ich empfohlen worden, mich dem Oberst Phayre anzuschliessen als Dolmetsch, indem ich vermittelst eines Arabers, der der abessinischen Sprache (Tigre-Idion) mächtig und eines Abessiniers, der hinlänglich französisch sprach mit den Eingeborenen communiciren konnte. Wir hatten uns auf 7 Tage mit Lebensmitteln zu versehen, und da ich dies nicht Alles auf meine eigenen Maulthiere packen konnte, wurde mir eins vom englischen Gouvernement gestellt, Oberst

Phayre transportirte ausserdem ein grosses Zelt für mich, während mein eigenes kleines für meine Diener bestimmt war. Unserer Expedition schloss sich noch Lord Adair an, dem diese Vergünstigung gewährt wurde, weil er Lord und Correspondent eines englischen Blattes war. Ausserdem sollten uns 25 Reiter des Sind-Horses-Regiment unter einem eingeborenen Kapitän begleiten. Aber das war keineswegs unsere ganze Begleitung, da waren die Leute zum Aufnehmen des Weges, die Zeltaufschläger, Köche, Diener, Maulthiertreiber etc., lauter Indier, kurz, im Ganzen hatten wir an hundert Menschen.

Montags, am 27. Januar, Früh, brachen wir, vom schönsten Wetter begünstigt, auf, wie denn überhaupt in Senafe ein merkwürdig reiner Himmel war, was wohl der grossen Trockenheit der Luft zuzuschreiben ist, die dort bei einer Höhe von 7460' absolut herrscht. Wir hatten, in S. zu O. R. fortreitend, den ganzen Tag einen von den englischen Truppen gemachten Weg vor uns und die Gegend war ungemein lieblich. Nach einer Stunde liessen wir in einer schönen Ebene das Lager des 3. leichten (indischen) Cavallerie-Regiments liegen, welchem die preussischen Offiziere zugetheilt waren, und nach drei anderen Stunden erreichten wir Gunuagunna, wo das Sind-Horses-Regiment campirte. Die hier anwesenden Offiziere empfingen uns sehr gastfreundlich und luden uns zum Frühstück ein. Bis dann unsere Bagage kam, hatten wir Zeit, die reizende Cascade von Gunnagunna zu besuchen, die von einem 80 F. hohen Felsen zwischen blühenden Rosen, Jasmin und Aloes herab-

fällt und sich dann durch ein Thal von Oliven-
bäumen und Ricinusbüschen dahinschlängelt. Sobald unsere Bagage angekommen war, brachen
wir wieder auf, denn wir wollten selben Abend
noch nach dem Orte Mai-Mesrab, wo eine Abtheilung des 3. englischen Regiments lag, die mit We-
gebau beschäftigt war. Nach 3 Stunden erreichten
wir auch diesen Ort und mithin die äusserste Linie
der englischen Truppen. Wir marschirten den ganzen Tag sozusagen auf der Kante des Gebirgs, indem wir den Abfall der Gewässer zu beiden Seiten
hatten.

Am folgenden Tage setzten wir uns ebenfalls früh
in Bewegung, von einem Cavallerieoffizier begleitet, der für sein Regiment Bagage-Maulthiere kaufen wollte. Da bis Adi-Graat der Weg früher schon
aufgenommen war, so konnten wir rasch vorwärts
kommen. Der Weg war, wie immer, äusserst ro-
mantisch und namentlich nach Westen zu die Aussicht auf die Berge von Adua, welche zackig und
steil ihre Häupter emporstreckten und ein Bild von
dem unbeugsamen Trotze der Bewohner Tigre's
gaben, bezaubernd. Adi-Graat, circa 15 englische
Meilen vom früheren Orte entfernt, erreichten wir
Nachmittags und schlugen sogleich Lager. Unsere
erste Sorge war, einen abessinischen Priester, Namens Abu-Mariam-Gabriel, zu uns zu entbieten,
um uns durch seinen Einfluss einen guten Führer
zu verschaffen. Derselbe war Vorsteher einer vom
katholischen Bischof Jacobis in Gula gegründeten
katholischen Kirche. Jacobis hatte seiner Zeit viel
Einfluss in Abessinien, wurde dann aber, als Theodor ans Ruder kam, entfernt und starb in Mas-

saua. Herr Gabriel-Mariam, der einzige Ueberrest der früheren katholischen Missionen, war auch bald herbeigeholt, denn Gula liegt bloss 1 englische Meile von Adi-Graat östlich, und als wir ihm auseinandergesetzt hatten, dass wir Grüsse von Herrn Munzinger, der selbst ein eifriger Katholik ist, zu überbringen hatten, gewannen wir bald sein Vertrauen, obgleich er Anfangs eifrig darauf bestand, einen Brief von Herrn Munzinger sehen zu wollen. Gabriel-Mariam unterschied sich, obgleich katholischer Priester, in Nichts von den anderen abessinischen Geistlichen, sein Kopf war, wie sie es Alle tragen, die dem geistlichen Stande angehören, mit einem grossen, weissen Turban umschlungen, und ausser baumwollenen weissen Hosen und einem grossen weissen Tuche hatte er keine Bekleidung. Er war sehr würdevoll in seinem Benehmen, pflegte sich auf seine Begleiter zu stützen, oder wenn er einen Abessinier anredete, erfasste er dessen Kinn oder klopfte ihm die Wangen, mit einem Worte, er hätte den vollendeten Schauspieler gemacht. Es ist dies übrigens allgemeine Sitte der Abessinier, die nicht mit einander reden können, ohne sich zu befassen und viel zu gestikuliren. Nachdem die Geschäfte mit Gabriel-Mariam fertig waren, bat ich ihn, mich zu seiner Kirche zu begleiten, was er auch mit Bereitwilligkeit that. Sie bot indess nichts Besonderes, mit Ausnahme, dass sie ganz ohne Bilderschmuck war. Die mit Sorgfalt vom Bischof Jacobis erbauten Häuser, welche früher als Schule gedient hatten und, wie die Kirche, von Stein aufgefürt waren, fingen an, zu zerfallen. In der Kirche selbst, die auch halb Ruine war und deren Boden mit Stroh belegt war, befand sich nichts Merkwürdiges; einige zerrissene Bücher in Amhara-Sprache und Schriftzeichen lagen in einer Nische. Vor der Thüre hingen mehrere, zwei Fuss lange, drei Zoll breite und dicke Steine, welche, mit einem hölzernen Klöppel geschlagen, bei den Abessiniern als Glocken dienen.

Weit interessanter war am folgenden Tage der Besuch einer Landeskirche in Adi-Graat selbst. Von hohen Candelaberbäumen umgeben, auf einem Berge in Mitten des Ortes gelegen, war die eigentliche Kirche zunächst von einer hohen steinernen Ringmauer umgeben. Nach einigen Unterhandlungen mit dem Hauptpriester, der Anfangs nicht glauben wollte, ich sei Christ, sondern meinte, ich, sowie alle Engländer, wären Mohammedaner, weil wir kein blaues Band um den Hals tragen, dann nachdem ich die specielle Erlaubniss haben musste, meine Stiefel anzubehalten, gestattete man mir den Eintritt. Durch ein Vorhaus kam man in einen freien Hofraum und sodann in die eigentliche Kirche, die länglich gebaut war und die Richtung nach Osten hatte. Von steinernen Mauern aufgeführt, war sie mit Stroh gedeckt, welches schlecht der Witterung widerstand. Es befanden sich drei Thüren in der Kirche, eine nach Westen, die beiden anderen nach Norden und Süden. Ich betrat die Kirche durch die westliche oder Hauptthüre, an deren Seite auch die oben schon bei der anderen Kirche erwähnten Glockensteine hingen. Durch einen Raum, der vom Hauptschiff durch hölzerne Säulen getrennt war, gelangte man in dieses, das indess auch eigentlich nur aus einem Umgang bestand, der den Hauptaltar oder das Allerheiligste umschloss. Von aussen des Allerheiligsten und an den Wänden der Kirche waren überall Alfresco-Gemälde, welche auf die Zeit der Portugiesen zurückzugehen schienen; denn man fand Schlachtgemälde, wo fremde Krieger landen in Harnischen, mit Feuerwaffen versehen etc.; endlich waren sehr viele Heiligenbilder vorhanden: der heilige Georgis, die Jungfrau Maria, die Engel Gabriel und Michael; auch der Teufel fehlte nicht und die Schlange. Zudem waren ganze Darstellungen aus der Bibel, so die Enthauptung Johannes und andere. Obgleich von Kunst bei allen diesen Gemälden nicht die Rede sein kann, so ist doch ein gewisser Grad von Vollkommenheit in Zeichnung der Gesichter nicht zu verkennen und manche Köpfe erinnerten an Dürer'sche und Kranach'sche Zeichnungen. Der Farbenton der Figuren war immer jener broncene, welcher früher den Bewohnern Abessiniens eigen war und zur Zeit der Verfertigung der Gemälde sicher noch mehr herrschend war, als es jetzt zu sein scheint. Sicher waren die Gemälde ebenso gut, als die von den alten Bewohnern Aegyptens Bezeichneten, wie wir heute deren in ihren Tempeln sehen, und was wir an Gemälden von den anderen Völkern Afrika's besitzen, von einigen Berber- und Negerstämmen, ist gar nicht damit zu vergleichen. Der Hauptaltar oder das Allerheiligste konnte mir leider nicht geöffnet werden, weil sie an dem Tage Fasten hatten, oder vielleicht auch, weil ich ein Laie war. Ich versuchte eins der Bilder, welches auf Leinwand gemalt war, zu erstehen, es hatte früher als Vorhang gedient, der hernach durch eine hölzerne Wand war ersetzt worden. Aber obgleich sie nur 5 M. Ther. Thl. verlangten, konnte ich in dem Augenblick diesen Preis nicht aufbringen. Ich bemerke hierbei, dass die Abessinischen Priester für Geld Alles feil haben und selbst sich nicht scheuen, ihre Gefässe, wie Kelche von Silber und Kupfer, dann Schüsseln, auf welche das geweihte Brod gelegt wird und die aus Kupfer sind, zu verkaufen. Beim Herausgehen verlangte dann der Hauptpriester Kirchengeld, und da kein kleines Geld existirt, musste ich einen Thaler geben. Dies kommt indess in die gemeinsame Casse, welche theils dazu dient, die Priester zu ernähren, theils Arme und Wanderer, die immer ein Unterkommen und Speise in der Kirche finden, zu beköstigen. Die meisten Kirchen haben überdies ein grosses Einkommen nach hiesigen Begriffen, indem sie Ländereien, die ihnen die Gemeinde bearbeiten muss, besitzen, dann Viehheerden haben, ausserdem den Zehnten vom Korn ihrer Gemeinde erheben. Ein bedeutendes Einkommen haben sie dann noch durch allerlei Vexationen, welche die Priester zu bewerkstelligen wissen, Ehescheidungen, Excommunicationen, Vergebung von Sünden, Fürsprache bei Gott, alles dies ist mit Gelderpressung verbunden. Der gemeine Mann kann sich unter dem nichtigsten Vorwande scheiden lassen, ebenso die Frau, wenn nur die Gebühren bezahlt werden, auch ist Vielweiberei unter gewissen Umständen gestattet, und die Grossen pflegen meistens mehrere Weiber zu haben. Die ordinirten Geistlichen können indess nur ein Mal heirathen, sich auch nicht scheiden von ihrer Frau, oder falls dieselbe stirbt, eine andere nehmen. Dasselbe gilt von den Frauen, die einen Priester geehelicht haben. Indess kommen bei einem so gesetz- und sittenlosen Volke genug Ausnahmen von diesen Vorschriften vor, und die blosse Strafe eines Priesters, z. B. der sich von seinem Weibe scheiden lässt, oder nach dem Tode seiner ersten Frau eine andere heirathet, ist Ausstossung aus dem geistlichen Stande, in den er aber, sobald er dann wieder seine zweite Frau verstösst, gleich wieder nach einer kleinen Geldbusse eintreten kann.

Attegra oder Adi-Graat, ein Ort von einigen hundert Hütten, die weitläufig auf verschiedenen Hügeln am Nordostrande hoher Berge in einem Thalkessel sich befinden, der circa 8000' über dem Meere ist, gehört zum Königreich Tigre und zwar zur Provinz Agame, die selbst in vier Distrikte zerfällt: 1. Gunt-Afascho mit Adi-Graat, 2. im Südost davon Sjasse, 3. Agote-Sjeta westlich von Gunt-Afascho und endlich 4. östlich davon Ade-Sbaha. Der Fürst von Adi-Graat, der ein hübsches Haus ausserhalb des Ortes besitzt, ist augenblicklich gefangen, seine Frau, die ein Abkömmling der Frengi (Portugiesen) und von besonders weisser Hautfarbe sein soll, wollte Niemanden in Abwesenheit ihres Gemahls empfangen, und so mussten auch wir darauf verzichten, unsere europäische Cousine zu sehen. Die Bewohner von Adi-Graat sind theils Christen, theils Mohammedaner, erstere jedoch überwiegend und herrschend. Indess leben sie in gutem Einverständniss mit den Mohammedanern, die übrigens gleichen Stammes mit ihnen sind.

Heirathen zwischen ihnen finden nicht statt. Ausserdem halten sich hier immer mohammedanische Kaufleute aus Massaua auf, die in gewöhnlichen Zeiten in Ebenholz, d. h. Sclaven machen, jetzt aber zur Zeit der englischen Expedition ein etwas ehrlicheres Gewerbe betrieben, nämlich von den Eingeborenen billig Maulthiere, Pferde und Buckelochsen erstanden, um sie so theuer wie möglich den Engländern zu verkaufen.

Die Gegend um Adi-Graat ist sehr fruchtbar und die vielen starken Quellen, welche der Druck der colossalen Berge hervorbringt, machen, dass die Ackerfelder künstlich bewässert werden können, so dass wir jetzt überall grünende, ja einzelne blühende Gerstenfelder fanden. Die Abessinier haben denselben Pflug zur Bearbeitung ihrer Felder wie die Araber, seit Abraham's Zeiten hat derselbe keine Veränderung oder Verbesserung erhalten, indess pflügen sie etwas tiefer als die Araber, und bedienen sich dabei der Ochsen und Kühe, die sie ins Joch spannen.

Ich sah mich gezwungen, hier meinen europäischen Diener, der ein Schweizer war, wegzujagen, derselbe konnte nicht zu Fusse geben, war faul und grossmäulig und hatte dabei den Fehler, dass er trank. Ich nahm dafür zwei Abessinier und zwar Mohammedaner, weil man mir sagte, sie seien bedeutend zuverlässiger, als die Christen, und ich muss gestehen, dass Beide ganz ordentliche Burschen waren.

Ende Januar kamen auch die Sind-Horses unter Major Brigs nachgerückt nebst einem Commisariats-Offizier, der ein Verpflegungsdepot in Adi-

Graat errichten sollte, und so konnten wir also daran denken, weiter vorzugehen.

Von unseren 25 Sind-Horses-Cavalieren begleitet, traten wir also am 1. Februar wieder unseren Marsch an, und bis wir den reizenden Ort Mai-Mesrab erreichten nach 6 engl. Meilen in S. S. O. R., ging alles gut. Hier liegt unter schwarzschattigen Bäumen ein christlicher Heiliger begraben, und eine angenehmere Ruhestätte kann sich wohl Niemand wünschen. Am Fusse des mächtigen Adsmaits-Berges gelegen, dessen östlichen Abhang wir jetzt zu übersteigen hatten, lud dieses Plätzchen in einem Winkel so zur Ruhe ein, dass wir nicht widerstehen konnten, einige Augenblicke hier zu weilen. Aber um dann die Hindernisse der östlichen Ausläufer des Adsmaits-Berges, welche wir beim Ueberklettern hatten, zu beschreiben, will ich bloss sagen, dass sie die des Passes Sif-er-Arab noch übertrafen. Indess hatten wir hier mehr Unglück, theils waren die Thiere wohl nicht so gut gepackt, theils wussten die Führer wohl nicht die passenden Aufgangsstellen, fast die Hälfte der Maulthiere schmiss ab, eines der meinigen überstürzte sich mit dem ganzen Gepäck, ohne indess erheblichen Schaden zu leiden, da es aufs Zelt und die Teppiche fiel, die es zu tragen hatte. Endlich war der Kamm dieses Ausläufers vom Adsmaits-Berge erreicht und wir waren nun 8200' hoch und auf die Wasserscheide des Mareb und Takadze angekommen, so wie hier auch ein Knotenpunkt für die ins Rothe Meer gehenden Gewässer ist. Es ist dies auch ein allbekannter Punkt für Räuber und Banditen, die es sich nicht nehmen lassen,

61

wehrlose Karavanen in den grossen Hindernissen
zu überfallen. Wir hatten noch 7 Meilen bis Mai-
Vohis (Mai bedeutet Thal, Wasser, Quelle und hat
ungefähr denselben weiten Begriff, wie das arabische ued, uadi, oder das Wort behar), welchen Ort
wir ohne Unfall erreichten. Natürlich wurden wir
nicht angehalten von den Banditen, abermals wir
einige Tage später einen Transport Lebensmittel,
der nur von 5 Sind-Horses-Reitern eskortirt war,
bekamen, hatten diese abessinischen Räuber die
Frechheit, ihre schlechten Dochtgewehre auf die
Karavane zu richten, und der Unteroffizier liess
auch schon seine doppelläufigen Enfield-Büchsen
anlegen und wurde höchstwahrscheinlich einige
dieser Spitzbuben expedirt haben, wenn nicht der
abessinische Führer rasch vorgesprungen wäre,
um den Banditen zuzurufen, dass die Karavane
den Engländern gehöre, worauf sie schnell hinter
den Bergen verschwanden.

Wir schlugen in Mai-Vohis Lager, denn wir wollten absichtlich nicht allzurasch vorgehen, um der
Cavallerie Zeit zum Nachrücken zu lassen. Uebrigens ist in Mai-Vohis nichts Merkwürdiges, das
Wasser, wie überhaupt alle Thäler von hieran laufen dem Takadze zu. Mein Pferd, dass schon seit
einigen Tagen Zeichen der Seuche, welche noch
immer das englische Vieh decimirte, gehabt hatte,
starb hier. Ich erfuhr es erst, als ich den kleinen
Neger Noel, der beauftragt war, es spazieren zu
fuhren, weinend beim Cadaver fand: es war umge-
fallen und anscheinend erstickt. Auch unser Lord
wurde krank, zwar nicht an der Viehseuche, sondern an Dyssenterie, mit der er sich mehrere Tage

herumschleppte. Er war ein eigenthümlicher Mensch.

Materiell lebten wir indess ganz gut, unsere Rationen, die pro Kopf aus 11/2 Pfund Fleisch, 11/2 Pfund Reis, 11/2 Pfund Mehl und 2 Unzen Butter, ausserdem Salz und Pfeffer bestanden, wurden in der Küche des Oberst geliefert und ich muss gestehen, das die Köche des Oberst, zwei Portugiesen aus Goa, ihre Sache meisterlich verstanden. Wir hatten überdies zumeist Wild auf der Tafel, Hasen, Rebhühner, Guineahühner, Tauben, oft auch Fische, von Kräutern Brunnenkresse, boten immer Abwechselung. Oberst Phayre und ich hatten überdies einen guten Vorrath von Thee und Kaffee und wenn auch Zucker mangelte, so hatten wir dafür alle Tage frische Milch. Unser Rumvorrath war längst zu Ende, indess hatte der Oberst noch manche Flasche im Petto seines Koffers und nach harten Märschen fand sich auch einmal, dass in irgend einem Koffer eine Flasche Champagner, Cherry oder Wisky war vergessen worden, die wurde dann sogleich verurtheilt.

Obgleich wir am 3. Februar Nachricht bekamen, dass die Sind-Cavallerie wegen Mangel an Proviant nicht im Stande sei, Adi-Graat zu verlassen, brachen wir dennoch auf, und erreichten über ein eben nicht allzu schwieriges Terrain Adebaga, circa 14 englische Meilen vom früheren Orte entfernt. Ich bemerke hierbei, dass, während wir uns Anfangs zum genauen Messen der Distanzen der Kette bedienten, wir von jetzt an, weil das weit rascher ging, mit zwei Perambulatoren arbeiteten und beide waren so gut verfertigt, dass ihr Unterschied auf 10 englische Meilen nur einige Yards betrug. Unsere Richtung war, wie wir ganz genau an den zurückliegenden Berggipfeln sehen konnten, fortwährend 160deg. oder S.S.O. - In Adebago sollten wir das Schauspiel einer inneren Fehde haben. Die beiden Brüder Grasmatsel-Desta und Fit-Turari-Temma, Gouverneure des Königs Kassa von Tigre für diese Provinz, belagerten in einer natürlichen Felsenburg einen gewissen Ottohsen, Rebellen , der seine Kornlieferungen verweigert hatte und sich nun, um nicht zum Bezahlen gezwungen zu werden, mit mehreren Gefährten auf die Ambe zurückgezogen hatte. Er gebot über acht Büchsen, und es war, da er vollauf Vorrath hatte, und ebenfalls Wasser vorhanden war, nicht abzusehen, wann er bezwungen werden könne. Dies theilte uns einer der Heereshauptleute Kassa's mit, der ebenfalls mit an der Belagerung Theil nahm. Dann und wann hörte man einen Schuss, beide Theile schienen nicht viel Pulver zu haben, und statt der Kugeln bedienten sie sich länglicher Steine, die aus Basaltmasse zu bestehen schienen. Am anderen Tage kamen die beiden Gouverneure selbst um Aufwartung zu machen; sie waren besser gekleidet, als die gewöhnlichen Abessinier, denn unter dem grossen weissen, breit rothbordirten Umschlagetuch hatten sie mohammedanische Jacken von Tuch, ihre Hosen waren indess eng. Man bot ihnen Thee an, den nahmen sie, doch nachdem er ohne Milch zubereitet war, da sie Fasten hatten; auch Biskuit assen sie. Sie waren von wenigstens fünfhundert Leuten begleitet, von denen der Eine schmutziger, als der Andere war, und die Alle entsetzlich elend und verkommen aussahen. Der O-berst schenkte ihnen dann je 10 Maria-Theresia-Thaler und den Anderen auch noch 10 Thaler, wo-für sie als Gegengeschenk etwas Gerste und Milch machten. Indess versicherten sie uns, sobald sie die blanken Thaler in der Hand hatten, ihrer aufrich-tigsten Freundschaft und der älteste der beiden Brüder-Gouverneure war so entzückt, dass er durchaus unsere Namen haben wollte, die Oberst Phayre ihm dann auch aufschrieb.

Wir bekamen Briefe vom General Merewether, der uns mittheilte, dass Dr. Krapf nach Deutschland abgereist sei, ein unersetzlicher Verlust für die Engländer, weil er der einzige Europäer war, der gut amharisch schreiben konnte und das Land, die Bewohner und ihre Gebräuche von Allen am gründlichsten kannte; zugleich schrieb er uns, dass Sir Robert in Senak angekommen und vom baldi-gen Vorgehen der Truppen. Obgleich ganz abge-schnitten von der Armee, indem wir ganz in der Luft standen, rückten wir dennoch am anderen Tage nach dem 10 englische Meilen entfernten Dongolo vor. Wir hatten eine entzückende Gegend zu passiren; nach Westen zu sahen wir in eine end-lose Tiefebene, aus der sich schroffe Felsen und steile Amben erhoben, selbst blieben wir auf der Höhe in mässig gewellter Ebene, die sich durch sanfte Rinnsäle dem Takadze zu senkte. Wir pas-sirten die reizende Ruhestätte eines Mekkaer She-rifs, dessen Grabmal unter Candelaberbäumen und Jasminbüschen versteckt liegt. Hamed ben Negasch, so hiess dieser Mekkaer, war von einer grossen Reise von Fes, Timbuctu, Sokoto, Kuka, über Fur nach Habesch gekommen und wollte sich nach fast lebenslänglicher Abwesenheit über Massaua nach seinem Vaterlande einschiffen, damit seine Gebeine bei denen seiner Väter zu ruhen kämen, als ihn der Tod übereilte. Wie schmerzlich muss es für den Mann gewesen sein, sozusagen Angesichts seines Landes dieses nicht mehr erreichen zu können, um so schmerzlicher, als er nicht einmal in gläubiger Erde ruhen konnte, sondern seine letzte Ruhestätte im Lande der ungläubigen Christen nehmen musste.

Mit Dongolo hatten wir die Grenze der Provinz Haramat erreicht und waren jetzt in Tera. Wir waren hier circa 2000' tiefer, als in Senafe und eine merkliche Veränderung im Klima that sich kund. Die eigentliche Gebirgskette, welche wir bis jetzt immer im Osten gehabt hatten, verliert sich etwas südlich in eine Hochebene von Dongolo.

Es befindet sich hier eine merkwürdige Kirche, ganz in Felsen gehauen auf einer Anhöhe im Thale. Schon von aussen auffällig, ging ich hinauf, sie zu besehen, setzte mich aber, als sich keine lebende Seele vorfand, unter einen grossen Olivenbaum, der die Thür der Umfangsmauer beschattete und zugleich zwei lange Steine in seinen Aesten schweben hatte, welche die Glocken vertreten. Obgleich die Thür offen war, mochte ich nicht eintreten, da ich nicht wüsste, wie es von den Eingeborenen würde aufgenommen werden. Aber bald erschienen drei Männer, von denen einer der Priester der Kirche war, und luden mich durch Zeichen ein, einzutreten. Ursprünglich war die ganze Kirche ein grosser Felsblock von Sandstein (wenn ich mich recht erinnere, war es Sandstein, vielleicht Kalk, da letzteres Gestein vorwiegend in diesen Bergzügen war), den man ausgehöhlt hatte zu einem regelrechten Tempel. Ich bin im Zweifel bis ich mehrere solcher Gebäude gesehen haben werde, wem die Erbauung dieser Kirche zuzuschreiben; denn die Säulen waren so vollkommen gearbeitet und von so grosser Regelmässigkeit, dass ich kaum glaube, Abessinier wären im Stande gewesen, dergleichen zu machen. Die Säulen waren viereckig, jedoch waren die Ecken abgeschnitten, so dass sie eigentlich achteckig waren. Die Gewölbe waren bemalt in der Art, wie die Kirche von Adi-Graat, die Bilder indess schon sehr verwischt. Was letztere anbetrifft, so kann man leichter auf den Urheber kommen, denn von Franz Alvares wissen wir, dass Anfang 1500 sich im Lande ein Maler aus Venedig, Namens Niclas Brancaleon befand, von den Abessiniern Mercurio genannt, und dass dieser beschäftigt war, alle Kirchen mit Heiligenbildern und Legenden aus der Bibel zu schmücken. Einfacher Stubenmaler in seinem Vaterlande, gelangte er in Abessinien zu hohen Ehren; und grossen Reichthümern, und mit Recht dürfen wir annehmen, dass die meisten Gemälde von ihm oder einem seiner Schüler sind. Es war zu dunkel in der Kirche, die nur ein Fenster hatte, welches zugemauert war, um genau den Grundriss derselben zu erforschen. Die Eingeborenen nannten dieselbe Kerkus-mariam. Meine Begleiter verfehlten nicht, als sie die Kirche betraten, sich zu prosterniren, wie es die Mohammedaner thun, auch küssten sie die Mauern und Säulen und unterliessen nicht, heilige Ausrufungen und Gebete herzumurmeln, so lange sie in der Kirche waren.

Zur Regenzeit muss der Fluss bei Dongolo ungemein toben, denn ich sah an den Bäumen Zeichen von Wasser 10' hoch, während das Flussbett unter dem Thale meist noch 10' tiefer war. Es rinnt zur trockenen Jahreszeit nicht immer, aber da, wo es fliesst und Tümpel sind, hat es viele Fische und wilde Enten und Gänse tummeln sich im Moose darauf herum.

In dem 8 engl. Meilen S. zu O. von Dongolo liegenden Agola blieben wir nur eine Nacht, weil wir weder für uns noch für unsere Pferde Proviant auftreiben konnten. Dieser Ort ist vom vorigen durch einen mit kleinen Mimosenbüschen bewachsenen Rücken getrennt. Abends indess bekamen wir die angenehme Nachricht, dass Oberst Lock mit 150 Reitern zu unserer Unterstützung herbeirücke und in der Hoffnung bald mit ihnen zusammen zu sein, zogen wir nach dem 8 engl. Meilen, in wie immer 160deg. vor uns liegenden Ort Mai-Mekedeh. Wenn ich hier die Distanz wiedergebe, wie sie uns von den beiden Perambulatoren nach Beendigung des Marsches angegeben wurden, so muss man indess wohl berücksichtigen, dass diese Distanzen für Kartenbearbeitung nicht zu gebrauchen sein werden, da natürlich eine gerade Linie oder Ebene zwischen den zwei Orten eine viel kürzere Differenz ergeben wurde, als hier, wo es fortwährend über Berg und Thal ging.

Am folgenden Tage blieben wir in Mai-Mekedeh, um unsere Cavallerieunterstützung zu erwarten, die auch Nachmittags eintraf, und zugleich mit ihr ein Commissariatsoffizier, d. h. einer, der mit dem Einkaufen von Proviant und mit der Armeeverpflegung beauftragt war, so dass uns hierdurch nun eine grosse Unannehmlichkeit, die des Einkaufens von den Eingeborenen, abgenommen war.

Mai-Mekedeh, d. h. das verdeckte Wasser, hat etwas unterhalb des Dorfes einen steilen Abfall, wo die Quelle, welche zur Regenzeit zum Bache anschwellt, eine herrliche Tropfsteinwand gebildet hat, in deren Höhlen und Klüften unzählige schwanzlose Kaninchen hausen. Geht man noch weiter das Thal hinunter, so kommt man an einen zweiten Abschuss circa 600' tief, wo die Wände ebenfalls lauter Säulen und lange steinerne Tropfen sind. Ein Pfad, jedoch nur gangbar, wenn man Hände und Füsse benutzt, fährt in die schwindelnde Tiefe und da wir, Oberst Phayre, Lord Adair und ich, gerade einen Abessinier und seine Frau wie Gemsen diesen Steig hinunter hüpfen sahen, so standen wir nicht an, ihnen zu folgen und langten, alle Viere benutzend, glücklich unten an. Einem an deren Thale folgend, kamen wir wieder an eine dritte Tropfsteinwand; unterhalb derselben war ein grosses Bassin mit Wasser und in der Höhlung der Kalkgebilde hatte sich ein Eremit eine kleine Kapelle eingerichtet. Ob sie noch bewohnt war oder verlassen, konnte ich nicht ermitteln, oben auf dem kleinen Altar, dessen Platte wie ein Tisch auf vier Beinen, ruhte, fanden wir, mit einem Stücke alter Matte zugedeckt, die Schüssel, in welche sie die Hostien zu legen pflegen.

Abends zu Hause angekommen, fanden wir Briefe von Adi-Graat vor, wo jetzt der Aufenthalt Sir Robert Napier's war. Man schrieb uns, dass König Kassa von Tigre die Zusammenkunft mit Sir Robert 14 Tage hinausgeschoben, d. h. abgelehnt hätte. Es war vorauszusehen, dass Kassa, sich nicht persönlich engagiren würde und die Sendung Munzinger und Grant's war somit ein Fehler, abgesehen von den Kosten und Geschenken, die damit verknüpft waren. Ausserdem erhielt Oberst Phayre Instruction, nicht zu rasch vorzugehen, sondern Verbindung mit der Armee zu halten, sowie die Pionierabtheilung, die den Weg zu machen hatte, zu überwachen. Da aber in Mai-Mekedeh kein guter Lagerplatz war, auch Lebensmittel spärlich einliefen, brachen wir am folgenden Morgen vereint nach dem 7 engl. Meilen entfernten Dolo auf; auf dem Wege dahin konnten wir die Amba-Antalo, oder den Berg, an dessen Südseite der Ort liegt, auf circa 15 engl. Meilen Entfernung liegen sehen. Auf diesem Punkte, der einen breiten Bergrücken bildete, befand sich auch die Grenze von Tem und Enderta, sodass wir nun, als wir Dolo erreichten, uns in letzterer Provinz befanden. In Dolo fanden wir einen herrlichen Lagerplatz und eine sehr freundliche Aufnahme bei den Bewohnern der umliegenden Ortschaften.

Die Umgegend ist indess äusserst einfach, besonders jetzt zur trockenen Jahreszeit, wo alles Gras verdorrt und gelb ist. Nach Westen zu auf 3 Meilen Entfernung hat man auf einer 500 Fuss hohen Anhöhe den kleinen Ort Grumber mit der Kirche Tjehen-Mariam, welche inwendig ohne jede Auszeichnung ist; sie ist rund gebaut das Allerheiligste inwendig aber viereckig. Auf halbem Wege dahin liegt die Abu-Kirche mit einigen zerstörten Hütten und einer Quelle daneben. Hier bemerkte ich den ersten Citronenbaum in Abessinien. Nach Südosten von Dolo auf 11/2 Meile Entfernung ist das grosse Dorf Greháribo mit einer der Maria Magdalena (Mariam-Mégedelet) gewidmeten Kirche. Es ist dies der grösste Ort in der Gegend; der Chef lud uns ein, in seine Wohnung zu kommen, die aus einem grossen viereckigen aus unbehauenen Steinen mit einem platten Dache versehenen Raum und mehreren aus Steinen gemauerten mit Stroh gedeckten Hütten bestand, so dass das Ganze durch eine Mauer verbunden und umgeben war. Das steinerne Haus war hoch und geräumig und schien Hauptort zu sein, denn es befand sich ein Angareb oder Ruhebett darin, ausserdem allerlei Geräthe und Waffen, als Spiesse, Schilder etc. Der Besitzer bewirthete uns mit süsser und saurer Milch und setzte uns Brod vor, welches sie in Gestalt von grossen und kleinen Torten zu backen verstehen. Dies Brod ist meist aus Weizen- und Gerstenmehl gemischt. Er führte uns sodann Tänzer vor, die einen Kranz von langem weissen Ziegenhaar wie eine Krone um den Kopf hatten, ausserdem waren sie mit zierlichen silbernen Ketten um den Hals geschmückt, woran Amulets und kleine in feiner Filigranarbeit gemachte silberne Bücherchen hingen - einer hatte auch in seinem krausen Haare einen hübsch gearbeiteten Silberpfeil. Ihr Tanzen war aber ohne alle Kunst und glich ganz den schaukelnden, unanständigen Bewegungen der orientalischen Frauen.

Gerade im Süden von Dolo, eine viertel englische Meile entfernt, liegen auf einem Hügel die Säulen einer zerstörten Kirche Imne genannt. Alles Monolithen von Sandstein, haben diese Pfeiler, die noch ganz erhalten sind, dieselbe Form wie die der Felskirche Kerkus in Dongolo. Letzterer Ort ist kein Dorf, sondern bezeichnet bloss ein Thal. Von den umliegenden Hügeln hat man schöne Aussichten auf Aladje-Berge 190deg. R., auf Lasta 200deg., auf Amba Antalo 205deg. und Gulla-Berg 205deg.. Da Oberst Phayre Befehl bekommen hatte, langsam vorzurücken, so blieben wir in Dolo bis zum 14. Februar und gingen dann über Haik-Höllöt, welches 6 Meilen in 120deg. R. vom letzten Orte liegt, auf Antalo los. In Haik-Höllöt wird von den Leuten von Schelikut, welches eine Strecke, circa 3 Meilen W. S. W. vom genannten Orte ist, eine Abgabe von dem aus der Salzebene kommenden Salz erhoben. Jeder beladene Esel muss fünf, jedes Maulthier zehn Stücke abgeben, jedes Stück Salz wiegt ungefähr ein Pfund. Wir campirten drei Meilen östlich von Antalo, indem wir dicht bei Antalo nicht hinreichend Wasser fanden; obschon das Wasser an dem Orte, wo wir uns befanden, auch nicht besonders war. Eine Meile östlich von uns war auf einem Hügel der verlassene Ort Afgol.

4. Weiterer Marsch nach Süden und Ankunft Sir Roberts im Lager

Den folgenden Tag nach unserer Ankunft verbrachten wir damit, die grosse schöne Ebene, die südlich von Amba Antalo sich ausdehnt, zu recognosciren um einen passenden Lagerplatz zu finden für ein grösseres befestigtes Lager, denn hier sollte jetzt eine Hauptreserve gebildet werden, und die eigentliche Angriffscolonne auf Magdala von hieraus vorgehen. Es war deshalb auch vorauszusehen, dass wir hier einen längeren Aufenthalt haben würden. Nach Briefen von Sir Napier sollte von hier aus eine Colonne von 2900 Mann unter Sir Stabely direct auf Magdala vorgehen, während in Antalo selbst ein Corps von circa 3000 Mann als nächste Unterstützung unter General Malcolm zurückbleiben sollte. Ebenso wurden weiter nach Norden in Adi-Graat, Senafe und Zula feste Lager errichtet. - Abends empfingen wir viele Deputationen von den umliegenden Orten, die beiden Hauptchefs von Antalo indess waren abwesend, da sie nach König Kassa in Tigre berufen waren.

Antalo, das nur 3 Meilen entfernt war, wohin aber eine sehr unwegsame Strasse führte, wurde von mir und Lord Adair besucht. Der Ort ist hinreichend gross und zerfällt in drei unterschiedliche Theile, welche durch Ravins getrennt sind. Der westliche davon ist ausschliesslich von mohammedanischer Bevölkerung bewohnt, die aber in Hautfarbe und Gesichtszügen sich keineswegs von den Christen unterscheiden. Geistig aber und sittlich scheinen die Mohammedaner auf einer höheren Stufe zu stehen, als die Christen. Ich will hiermit ja nicht sagen, dass ich sie für *viel* besser halte, als die Christen, denn die mohammedanische Religion lässt eben an und für sich keine Bildung und Gesittung aufkommen. Aber es ist mit den Mohammedanern hier, wie mit allen anderen Religionsbekennern, welche da, wo sie sich einer grossen herrschenden Religion gegenüber befinden. Eben weil sie in Minderheit sind, wollen sie sich durch einen exemplarischen Lebenswandel die Achtung ihrer starken Umgebung erzwingen. So ist es mit allen Secten, sobald sie von einer fanatischen Religion umgeben sind. Man hat zwar behaupten wollen, die Abessinier seien duldsam und nicht fanatisch, aber schon allein der Umstand, die Islamiten in einen besonderen Stadttheil abzuscheiden, spricht genug; wären die Abessinier etwas raffinirter, würden sie die eiserne Kette des päpstlichen Ghetto, oder eine Bab el Iladid[8] des marokkanischen Kaisers gegen Andersdenkende erfunden haben.

Antalo ist sonst ein schmutziges Nest und wie gewöhnlich sind zwei Drittel der Wohnungen in Ruinen. Diese sind alle wie überall bis hier in Abessinien mit rohen Sandsteinen gebaut, wie sie auf dem Felde gefunden werden, und durch Thon zusammengehalten. Fast allgemein hat man bald eine Nachahmung der runden Negerhütten vor sich, schlecht mit einem konischen Strohdache versehen, oder ein einfaches viereckiges Zimmer mit plattem Dache. Die Einwohnerzahl kann sich auf 1000 belaufen und 150 ungefähr davon sind Bekenner des Islam. In und um den Ort befinden sich sieben Kirchen, den Erzengeln, der Maria und dem heiligen Georgis, wie gewöhnlich, gewidmet, aber keine einzige zeichnet sich durch irgend Etwas aus. Alle sind in dem in Abessinien sehr belieben Rotundenstyl gebaut, mit zwei Umgängen und einem viereckigen Allerheiligsten in der Mitte, worin der Hochaltar ist und das nur geweihte Priester betreten dürfen.

Jeden Mittwoch wird in Antalo ein Markt abgehalten, der aus der ganzen Umgend stark besucht wird; man findet dort allerlei Landesproducte, Kornarten, Zwiebeln, Knoblauch, braunen Kohl, der sicher von Deutschen in Abessinien eingeführt ist, Gewebe aus Baumwolle, kleine Strohkörbe aus gefärbtem Stroh, Weihrauch, Antimon, Schwefel, Butter, Milch, Hydromel oder Honigwasser, welches, wenn es lange Zeit gegohren hat, berauschend ist, endlich ausgezeichneten Kaffee aus Gondjam und den Galla-Ländern, welchen man zu dem billigen Preise von 7 Pfund[9] für 1 Maria-Theresia-Thaler haben kann. Freilich ist das abessinische Pfund bedeutend kleiner, als das sonst in Afrika übliche, wenigstens das, was in allen Berberstaaten und in den Negerländern Centralafrikas gäng und gebe ist. Dies ist nämlich gleich 16 Maria-Theresia-Thaler (oder wie in Marokko gleich 20 Fünffrankenstücken), während das abessinische Pfund nur gleich 12 Maria-Theresia-Thalern ist. In Abessinien, wenigstens in diesen bis jetzt von uns durchzogenen Theilen, besteht indess kein eigentlicher Tauschhandel: die grosse Münze ist der Maria-Theresia-Thaler, die kleine das Salz. Dies, was, wie schon gesagt, aus der Danakel-Ebene kommt, in kleinen länglichen Stücken von circa 1 Pfund Schwere, galt früher in gewöhnlichen Zeiten 60 Stück den Thaler, dann stieg es auf 30 bei Ankunft der Engländer und des vielen Geldes, welches diese besitzen, und bei unserm Erscheinen auf dem Markte von Antalo wollte man uns bloss noch gegen 20 Stück wechseln. Dies Salz ist sehr gut von Geschmack und hinreichend weiss. Ich bemerkte sogar, dass, wenn die Stücke etwas schmutzig oder geschwärzt waren, sie zurückgewiesen wurden.

Wegen seiner reichen Kirche ein sehr sehenswerther Ort ist Schelikut, circa 5 Meilen nordöstlich von Antalo gelegen. Auch der Ort selbst macht einen ganz anderen Eindruck, als die Orte, die wir bis jetzt Gelegenheit zu sehen hatten. Wir fanden jedes Haus von grünenden Gärten umgeben, die Gerste, welche man darin zog, war beinahe zum Schneiden reif (am 18. Februar), rothe Pfefferfelder und hochstieliger brauner Kohl versprachen eine reiche Ernte; auch einige Limonen und Weinreben bemerkte man hie und da. Vor Allem wurden wir aber bald nach einem grünen Bosquet von Bäumen gelenkt, zwischen denen schwarze Cypressen hervorragten. Es war die Hauptkirche. Der ganze Grund war mit einer hohen Mauer umzogen und ein Thorweg führte uns in den Hof, der als Begräbnissplatz benutzt wurde. Die eigentliche Kirche, ein Rundbau von einem hohen Strohdache überwölbt, war aus unbehauenen Steinen gebaut, der Art, dass die äussere Umfassungsmauer aus lauter Bogen bestand, die zum Theil durch durchbrochene Holzwandungen verschlossen war. Diese

Mauer hüllte den äusseren Umgang ein, wohin die Laien und weltlichen Leute dringen können. Der zweite Umgang umhüllte eine viereckige Abtheilung, das Allerheiligste, wohin nur Priester zugelassen werden, hierin befindet sich der Hochaltar. Das Allerheiligste, sowie der innere Umgang waren überall mit Alfrescogemälden geschmückt, die aber in allen Kirchen dieselben zu sein scheinen und aussehen, als ob sie alle von Einem Meister herrührten. Wie die Kirche zu Adi-Graat und Antalo bildeten die Erzengel Michael, Gabriel, Raphael, die Mutter Gottes, der heilige Georgis, das jüngste Gericht, die Kreuzigung, der Teufel, die Enthauptung Johannes, die Belehnung Petri mit den Schlüsseln etc. etc. die Gegenstände der Wandmalungen. Ausserdem aber hatte die Kirche verschiedene Kronleuchter alteuropäischen Fabricates und andere Gegenstände, als Schellen, Pauken und Glocken deuteten auf einen grösseren Reichthum hin. Besonders auffallend war ein 4 Fuss hoher viereckiger Schrank von durchbrochener Arbeit und 3 Etagen haltend, er ruhte wie ein Wagen auf 4 Rädern; seinen Gebrauch konnte ich leider nicht erfahren, da wir keinen Dolmetsch bei uns hatten.

Es war gerade Messe, als ich die Kirche besuchte, obgleich es 4 Uhr Nachmittags war, denn die Abessinier beobachten nicht wie die Katholiken eine besondere Zeit zur Abhaltung der Messe. Sie sind immer zu wenigstens drei Priestern, um die Messe abzuhalten und beobachten dann ungefähr dieselben Ceremonien, wie die Katholiken. Die Priester hatten alle Tuchburnusse an, die mit Gold gestickt waren, in der Art ungefähr, wie man sie zu Tripoli und Masser verkäuft; natürlich waren sie barfuss und ohne Hosen, denn in dieser Beziehung beobachten sie streng das mosaische Gesetz und wir hatten manchmal in anderen Kirchen Schwierigkeiten, Einlass zu bekommen, wenn wir nicht unsere Schuhe oder Stiefel ausziehen wollten, weil sie uns dann immer für Mohammedaner hielten (obgleich diese selbst nie mit Schuhen in ihre Moscheen gehen). Natürlich fehlten Glocken und Räuchergefässe nicht, und der Gesang war ebenso unharmonisch, wie der der katholischen[10] oder lutherischen Priester.

Das Abendmahl wird bei den Abessiniern aber wie bei den Protestanten unter beiderlei Gestalt ausgetheilt. Sie machen sich in der Kirche selbst das Brod, eine Art Galette vom besten weissen Mehle, kein Weib darf das Korn berührt haben oder zubereiten; Alles muss von Männern gemacht sein. Da kein Wein im Lande ist oder sie die Zubereitung nicht verstehen, so machen sie einen Aufguss auf trockene Weinbeeren oder Rosinen, womit sie communiciren. Die Kelche sind meist von Messing, einige auch von Silber und haben eine sehr offene Form; das Getränk wird jedem Communikanten mit einem kleinen Löffel in den Mund geflösst und Männer und Frauen nehmen daran Theil. Diese Communion wird auch den kleinen Kindern gleich nach der Taufe gegeben, unter der Gefahr, sie manchmal mit dem Stückchen Brod zu ersticken. Wenn so die Abessinier von allen unseren verschiedenen Bekenntnissen, seien es nun Juden, Protestanten, Katholiken, Islamiten oder Griechen,

78

Etwas in der Ausübung ihrer Religion haben, so ist es doppelt interessant, zu wissen, dass sie auch Anabaptisten sind - am heiligen Dreikönigstage wird an Jedem, Mann oder Frau, die Taufe von Neuem vollzogen. Ja selbst Vielweiberei, obwohl von der Kirche nicht geduldet, ist von dem Civilgesetze erlaubt, eine blosse Ausnahme besteht bei den Priestern, die sogleich ihre Würde einbüssen, selbst wenn sie nach Absterben ihres Weibes wieder heirathen; ebenso darf das Weib eines verstorbenen Priesters bei Strafe nicht in die Kirche kommen, noch communiciren, noch wieder heirathen.

Das Allerheiligste, zu dem alle Zugänge immer mit Teppichen behangen sind, war uns natürlich nicht gestattet zu sehen, und wenn ja die Ceremonien es nöthig machten, dass die Priester vor den Altare selbst gingen, so verhinderte die Dunkelheit, irgend etwas zu unterscheiden.

Pearce hielt sich längere Zeit in diesem reizenden Ort auf und eine Zeit lang war es die Residenz des Tigrefürsten Ras vel da Selassi, Sohnes der Dreieinigkeit.

Als wir am 17. Februar Abends von Schelikut zurückkehrten, fanden wir General Merewether, Herrn Munzinger und den bekannten Reisenden und Forscher Markham (derselbe hat sich hauptsächlich um die Einführung des Cinchoninbaumes in Indien verdient gemacht, er ging zu dem Ende zweimal nach Südamerika und hielt sich längere Zeit in der Provinz Madras in Indien auf; seine anderen Forschungen betreffen die Eskimos in Grönland), der von der London geographical society hergesandt war. Da unser Platz jetzt aus

Mangel an Wasser, was überdies stehend war, nicht mehr tauglich blieb, so verlegten wir am Tage darauf das Lager 4 Meilen südlich, wo wir fliessendes Wasser und eine sehr grasreiche Ebene hatten. Am selben Tage kamen auch drei Leute von Magdala, die von Rassam und Cameron abgesandt waren mit Briefen an General Merewether. Dieselben waren 18 Tage unterwegs gewesen; die Briefe enthielten indess nichts Neues, nach den Aussagen der Leute schien hervorzugehen, dass der Negus die Absicht hatte, sich zwischen Magdala und die Engländer zu stellen, also es auf eine Schlacht ankommen lassen wollte. Auch ein Brief von Flatt aus dem Lager des Negus und an Rassam gerichtet, befand sich dabei, woraus hervorging, dass der Negus vor 6 Wochen nicht vor Magdala sein konnte, indess war derselbe vom 19. Januar datirt und somit für uns die Hoffnung verschwunden, früher in Magdala zu sein, als er selbst. Trotzdem, dass unser Lager nun viel bedeutender geworden, denn General Merewether, als Director der politischen Angelegenheiten, hatte einen grossen Train bei sich, so waren dennoch die Hyänen so zahlreich und frech, dass sie sich durch die Posten ins Lager schlichen, leere Wasserschläuche und anderes Lederzeug fortschleppten, ja eines Nachts mitten im Lager einen Esel zerrissen und halb aufzehrten, ohne dass es verhindert werden konnte, da es, um falschen Allarm zu vermeiden, verboten war, Nachts zu schiessen.

Die Temperatur war indess auffallend milde geworden, freilich waren wir jetzt auch fast 2000' tiefer als in Senafe, denn wenn der Ort Antalo 7400' hoch war, so war die Ebene unterhalb des Ortes, worin wir lagerten, nur circa 6000' über dem Meere. In Westen von uns hatten wir einen kleinen Ort, Namens Mara, circa 1 Meile entfernt und vor uns im S.S.O. die Berge von Uadjerat.

Tags über hatten wir meist Ostwind, der gegen 9 Uhr Morgens aufsprang und Nachmittags um 3 Uhr am heftigsten wurde, gegen Sonnenuntergang fiel, aber meistens täglich Gewitter zur Folge hatte, von wenig Regen begleitet. Die Temperatur war vor Sonnenaufgang im Februar meist +10deg., die höchste Nachmittags im Schatten +25deg. durchschnittlich. Die Feuchtigkeit war ausserordentlich gross, indem Nachts das Hygrometer meist 80-90deg. hielt und selbst bei Tage in der heissesten Zeit fast nie unter 40deg. sank. Die Barometerschwankungen waren äusserst gering, selbst bei den starken electrischen Erscheinungen.

Am 20. Februar kamen auch unter General Collings grosse Truppenzuzüge, worunter eine Batterie Bergkanonen. Jedesmal aber, wenn nun die Truppen kamen, waren die Nichtcombattanten und Lastthiere so überwiegend, dass man sich hätte fragen können, sind diese der Soldaten wegen, oder die Soldaten jener wegen da. Es liegt mir überhaupt nicht ob, über die Einrichtungen der Engländer beim Vorgange der abessinischen Expedition zu sprechen, so viel will ich indess nur anführen, das ich kaum glaube, dass irgend ein Commandant weiss, wie viel er Soldaten oder Pferde hat geschweige war denn die Zahl der Nichtcombattanten, der Maulthiere und Kameele zu ermitteln. Ich marschirte jetzt immer nur mit einer kleinen Truppe von etwa 150 regelmässigen Soldaten (Cavalerie des 8. leichten indischen Regiments und vom Sind-Horses-Regiment), dem Stabe von Phayre (Vermessungscorps circa 10 Leute) im Ganzen vielleicht 500 Mann, kann also nicht über die Marschordnung urtheilen, nachdem aber, was die italienischen Offiziere mir erzählten, muss es bei dem Marsche einer grösseren Truppe ungefähr so hergehen, wie bei einem Truppenzuge des Kaisers von Marokko, oder des Königs von Bornu. Indess geht Alles gut, weil Alles mit Geld aufgewogen wird, kein Preis ist zu hoch und von einer Controle der Ausgaben Nichts zu bemerken. Ein Uebelstand, den wir aber am allermeisten fühlten, war der, dass die Post sich in einem entsetzlich vernachlässigten Zustande befand, weder Zeitungen, noch Briefe kamen an, und dabei lebten wir in der Ungewissheit, ob unsere eigenen Briefe befördert würden. Zudem fing ein Mangel gewisser unentbehrlicher Gegenstände an sich fühlen zu machen; ich will nicht sagen, dass Zucker, Spirituosen, Cigarren, bei den Meisten zu Ende waren, diess sind Gegenstände, die jeder entbehren kann, aber in dem Glauben, dass bei den Truppen überall Lichte, Zündhölzchen, Seife etc. zu finden sein würden, wie bei den Truppen anderer Länder, wenn sie im Felde sind, hatte Niemand davon Vorräthe angeschafft. Es wundert mich nur, dass die englischen Offiziere, die doch über ihre Verhältnisse besser als wir unterrichtet sein müssten, eben solchen Mangel hatten, wie wir Fremden. So hatte Oberst Phayre ebenso wenig Kerzen wie ich, im Lager bei Antalo, Boya genannt, konnte ich dem abhelfen, indem Wachs zu kaufen war und meine abessinischen Diener Kerzen ziehen mussten.

Da wir längere Zeit in diesem Lager blieben auf Anordnung von Sir Robert Napier, der gar nicht langsam genug vorgehen konnte, so nahm ich die Zeit wahr, um eine genaue Höhe von Amba Rradom, so heisst der Berg, an dessem Abhange Antalo gebaut ist, zu nehmen. Unser Lager war jetzt schon 6 Meilen vom genannten Ort S.S.O., ich musste daher zeitig aufbrechen. Obgleich es stark nebelte (eigentlich ist es kein Nebel, sondern es sind rechte Wolken, die auf dem 6400' hohen Bergrücken, der auf dem Boya liegt, lagern), so machte ich mich dennoch Morgens am 23., am Tage der Sonnenfinsterniss auf zu Maulthier, von zwei meiner abessinischen Diener, von denen der eine ein Christ, der andere ein Mohammedaner war, begleitet. Wir durchritten schnell die 6 Meilen Ebene, langweilig und einförmig, weil nur von vertrocknetem Gras bedeckt, das stellenweise noch dazu verbrannt war und aus dem die Nähe des Lagers, das Trompeten der Soldaten und die immerwährenden Zuzüge längst alles Wild verscheucht hatten. In Antalo angekommen, stellten wir mein Maulthier in das Haus oder vielmehr Hütte eines Bewohners und machten uns dann gleich daran, nachdem wir einen Führer gemiethet, den Berg zu erklimmen. Amba Antalo oder richtig Amba Rradom ist ein Berg von fast viereckiger Gestalt und Königsteinartig, so dass er nicht überall Aufgänge hat. Nach Süden zu, oder vielmehr nach S.S.O. hat er einen Sattel oder eine Einsenkung, durch welche uns unser Führer, ein junger Mann aus Antalo, hinauf brachte. Nach einer Stunde steilen Kletterns hatten wir auch den Sattel erreicht, aber damit noch lange nicht den höchsten Punkt, der sich auf dem Westflügel befindet. Hier angekommen, bemerkte ich, dass mein Diener den Hygrometer, den Herr Markham mir geliehen hatte, im Hause, wo das Maulthier untergebracht war, vergessen hatte. Nun war ich zwar im Besitze eines Aneroids, aber da ich das Kochthermometer eigens mitgenommen hatte, um diesen Berg so genau wie möglich zu bestimmen, so konnte es nichts helfen, der Diener musste zurück, um ihn herauf zu bringen. Unser Führer ging dann zu einer Quelle, die oben auf dem Plateau des Sattels entspringt und in deren Nähe eine kleine, der Maria geweihte Kirche ist, um unseren mitgebrachten Schlauch zu füllen, während ich mit meinem anderen Diener die Westanhöhe hinausging, dessen äusserste höchste Spitze wir nach einer anderen kleinen Stunde erreichten. Die ganze Amba ist flach oben und hat sicher eine Geviertfläche von 2 Cubikmeilen. Die Bewohner von Antalo und Mai-Gundi, eines anderen Dorfes, das oberhalb des ersteren am Westflügel des Berges liegt, beackern diese Fläche alle zwei Jahre, sonst ist wenig Vegetation auf dem Berge. Die Seiten sind, wie angeführt, so steil, dass Nichts daran wachsen kann, und oben ist alles steiniger Boden. Etwas Innigorus, verkrüppelte Mimosen, Aloes und einige Candelaberbäume bilden in dieser Jahreszeit ausser verbranntem Gras die einzige Vegetation; bei den Quellen, deren es genug an dem Abhange des Berges giebt, wächst auch der Seifenbusch, deren Blätter und Samen die

84

Abessinier als Seife benutzen und den sie auf Tigre Scheta nennen. Das Gestein besteht zum grössten Theile aus Kalkstein und sehr grobkörnigem Sandstein, auch Conglomerate findet man, namentlich je mehr man nach oben kommt. Granit ist nirgends vorhanden. Das Aneroid, das im Lager 23, 2, 7, am Fusse der Amba 23, in Antalo 22, 3, 7 stand, war auf dem höchsten Punkte des Berges bis auf 21, 2, 7 gefallen, was also eine ungefähre Höbe von 9100' ergab. Mein Bursche mit dem Kochthermometer kam auch wieder und ein zweimaliges Kochen ergab, dass das Wasser bei 194,6 kochte (das Thermometer war ein Fahrenheit und jeder Grad in 5 Theile untergradirt, so dass man indess, als es 194deg.3 zeigte, auch 194deg.6 schreiben konnte), dies mehrere Male wiederholend und immer dasselbe Resultat gebend, machte das eine Höhe von 9335'[11], die jedenfalls genauer ist als die des A-neroid.

Uebrigens hatte man von hier eine Uebersicht, wie ich sie noch nicht in Abessinien genossen hatte, nach Westen zu die kolossalen Höhen von Semén, welche die höchsten Gipfel aller abessinischen Berge enthalten, nach Süden die Berge von Sokota und im Südosten die Uadjerat-Berge. Im Norden konnte man bis nach den Adi-Graat-Bergen, die Amba-Siou und alle Ketten, die wir überschritten hatten, sehen. Besonders notirte ich die hohe Amba-Bel-Bel 230deg. auf 2 Meilen[12], die Semén-Berge 260deg. in 60 Meilen. Das Schechet-Gebirge 70deg. circa 50 Meilen. Die Amba-Aladje 145deg. auf circa 30 Meilen. Der Ort Schelicut 145deg. circa 4 Meilen. Der Wind blies die ganze Zeit aus SO.

und hatte eine Heftigkeit von 20 (widerstandsloser Orkan zu 50 angenommen), zahlreiche Haufenwolken waren am Himmel, die Temperatur war um 12 Uhr Mittags im Schatten 26deg., zur Zeit, als ich meine Beobachtungen anstellte; das Hygrometer hatte 28deg. oben auf dem Berge, während es unten im Lager um dieselbe Zeit circa 40 zu haben pflegt. Nachdem gefrühstückt und Kaffee getrunken, einige Salutschüsse waren abgefeuert worden, ging es wieder bergab, zwar schneller als bergauf, aber dennoch langte ich erst um 4 Uhr wieder im Lager von Boya an. Freilich hatte ich der dringenden Einladung der Frau des Hauses, wo unser Maulthier untergebracht war, keinen Widerstand entgegensetzen können, uns mit Brod und einer rothen Pfeffersauce zu bewirthen (natürlich gegen einen Bakschisch von einigen Thalern) und uns Hydromel vorzusetzen. Ersteres war indess für einen europäischen Mund ungeniessbar, die Sauce war flüssiges Feuer, und der Hydromel, manchmal von den Eingeborenen recht gut zubereitet, war widerlich süss. Wenn ich nun auch nicht zusprach, so liessen es meine Diener sich nicht nehmen, die Speisen schnell zu vertilgen.

Am 24. Februar kamen Leute aus dem Lager des Königs Theodor, freilich mit dem Umwege über Magdala. Diese waren vor einem Jahre an Flatt mit Briefen geschickt und jetzt erst freigelassen worden. Flatt schickte durch sie einen Brief, worin er constatirte, dass der König jetzt, seit er von der Ankunft der Engländer unterrichtet sei, bedeutend freundlicher geworden wäre. Die sichere Bestätigung hätte er von der Ankunft des Expeditionscorps durch die Zurückkunft seiner Spione erhalten. Diese waren nämlich Anfangs Januar in Senafe und wurden als solche erkannt, aber absichtlich vom General Merewether gut aufgenommen und ihnen alle Einrichtungen des englischen Heeres gezeigt. Flatt berichtete ferner, dass der König ihn hätte raten lassen und gefragt, ob er von der Ankunft der Engländer unterrichtet sei, worauf er erwidert habe, er hätte ihm immer gesagt, dass, falls er die Gefangenen nicht frei gäbe, die Engländer Krieg anfangen werden. Nach den Aussagen der Leute soll Theodor sich aufs Plateau von Talanta gezogen haben, da es ihm unmöglich sei, in Magdala einzuziehen. Flatt schrieb ferner, dass Theodor jetzt Rassam immer seinen Freund nenne und nur gesagt habe, die englische Regierung habe ihn schimpflich behandelt und mit Verachtung überhäuft. Es wird sich hoffentlich bald aufklären, wie die ganze Geschichte vor sich gegangen ist, es ist ohne Zweifel, dass die Engländer selbst auch grosse Schuld an dem Kriege haben. Da man auf Flatt's Brief eine Antwort schickte, so benutzte ich die Gelegenheit, um zugleich an Zander[13] aus Dessau zu schreiben, d. h. ihm mitzutheilen, dass Seine Hoheit der Herzog von Dessau Nachricht über ihn zu haben wünsche.

Das Lager von Boya in der Antalo-Ebene war indess eins der unangenehmsten, was man sich denken konnte, wegen der Einförmigkeit der Gegend; obgleich von Bergen umgeben, war gar kein Baumwuchs vorhanden und das verdorrte Gras stellenweise abgebrannt. Zudem durfte man weitere Ausflüge, wenigstens allein und ohne Waffen kaum wagen, da sich eine Menge Leute von Galla-Stämmen umhertrieben, die es sich zum Gesetz gemacht haben, ehe sie heirathen, eine Anzahl Castraten zu machen. Man sagt, dass, bevor sie nicht beweisen können, eine gewisse Anzahl umgebracht zu haben, sie in ihren Ländern nicht heirathen können. Der Platz des Lagers verbesserte sich insofern sehr schnell, als die vielen Steine, mit denen er überhäuft und überschüttet war, aufgeräumt und gerade Strassen gezogen wurden.

Am 26. Februar setzten wir uns dann wieder in Bewegung, d. h. ein Theil der in Boya versammelten Truppe unter Colonel Phayre, und bezogen circa 8 Meilen endlich in Miske ein Lager. Hier befanden wir uns in einem Kessel, unmittelbar am Fusse der Uadjerat-Berge; der Kessel war von der Antalo-Ebene durch einen niederen, circa 500' hohen Bergzug getrennt, befand sich sonst auf ganz gleicher Höhe mit dem Lager von Boya. Aus dem Grunde entsprang unterhalb des Dorfes von Miske eine reiche Quelle, die Veranlassung zu einem starken nach dem Takaze zuströmenden Giesbach giebt, dessen Ufer reich mit Brunnenkresse besetzt und von pittoresken Felswänden gebildet, eine steile Schlucht nach Westen zu bildet. - Am selben Tage noch, wie wir in Miske eintrafen, kam auch ein Brief von Prinz Gobesieh von Lasta mit Freundschaftsversicherungen für die Engländer und der Anzeige, dass besagter Prinz drei seiner Anführer beauftragt habe, beim Aschangi auf uns zu warten, für uns dort Lebensmittel einzutreiben und zu helfen, Wege nach Süden zu machen. Der Prinz von Lasta befand sich seit längerer Zeit im

Aufruhr und Krieg gegen Theodor, konnte aber allein mit Erfolg Nichts gegen ihn unternehmen. Indess war seinem Briefe zufolge es ihm gelungen, einen Streifzug nach Debro-Tabor zu zu machen, während der König Theodor schwerfällig in seinen Bewegungen und von einer ganz feindlichen Bevölkerung umgeben, es nicht möglich machen zu können schien, Magdala zu gewinnen. Er war vom Djidda-Flusse herabgezogen und hatte den letzten Nachrichten zufolge sich auf dem Plateau von Talanta festgesetzt.

Auch ein grosser Armeebefehl von Sir Robert traf wieder ein, der hauptsächlich des Inhaltes war, die Bagage und den Dienertross der Offiziere zu reduciren. Aber trotz aller Befehle schien doch keine grosse Verminderung des Trains stattzufinden; die Zahl der präsenten Maulthiere betrug im Februar gegen 15,000, die der Kameele und Lastochsen erreichte ebenfalls die Summe von Tausenden, dazu war noch eine Menge von Eingeborenen engagirt, um Lebensmittel von Station zu Station zu transportiren. Der Hauptfehler lag in der zu grossen Schonung des englischen Soldaten sowohl, als auch des indischen. Warum trugen diese ihr Zelt nicht selbst wie der französische, warum gab man ihnen nicht wie den französischen für 3 oder 4 Tage Lebensmittel zu tragen. Zudem waren die Rationen von Mehl oder Reis (11/2 Pfund per Tag) zu gross, man hätte sie auf die Hälfte vermindern können und dafür mehr Fleisch geben, was überall und zu bedeutend billigeren Preisen als in Europa zu haben war. Die Arbeiten der Wege wurden auch viel zu langsam betrieben, für Bergartillerie passirbar, warum steifte man sich darauf, sie für Elephanten und grosses Geschütz passirbar zu machen, war es nicht genug, diese bis Senafe oder gar Adi-Graat gebracht zu haben. Die Eisenbahn wurde jetzt Mitte Februar bis fast Komeile mit Dampf befahren, trotzdem die Armee noch immer in Antalo war. Im ganzen Monat Februar war man eben nur bis zu diesem Ort gekommen, ja der General en Chef lauerte noch immer auf dem Wege zwischen Adi-Graat und Antalo auf Kassa, der express eine Zusammenkunft mit ihm zu verzögern oder gar vermeiden zu wollen schien. Den letzten Nachrichten zufolge war Kassa indess von Tigre's Hauptstadt aufgebrochen, um sich nach Hause zu begeben und die Zusammenkunft mit dem englischen Oberbefehlshaber sollte am 24. Februar (anstatt des 7., wie wir früher mitgetheilt hatten) in der Nähe von Adebaga stattfinden.

Jeden Donnerstag findet in der Ebene von Miske ein Markt statt, der zahlreich aus der Umgegend, die hier sehr bevölkert ist, besucht wird. Man findet indess nichts Besonderes, ausser den gewöhnlichen Lebensbedürfnissen, und keineswegs lohnt es sich der Mühe, ihn zu besuchen. In diesem neuen Lager war übrigens ein bedeutender Unterschied im Klima wegen der eingeschlossenen Lage, das Thermometer stieg Nachmittags auf +30deg. und die Dürre war auch viel bedeutender, während die Nächte sich kälter erwiesen.

Der geistliche Vorstand der Kirche St. Georgis, in der Nähe von Miske sandte uns Milch, Citronen, Tomaten, Pampelmuse, welche letztere von ganz ausserordentlicher Grösse, wie ich sie nirgends in

Afrika zuvor gesehen hatte, waren; der Längsumfang betrug bei einer derselben 0,6 Meter, der Breitumfang 0,4 Meter. Im Uebrigen jetzt in Uadjerat, wenigstens am Fusse der hohen Berge, konnten wir nichts von den vielen Löwen, Elephanten und Flusspferden bemerken, die Salt als zahlreiche thierische Bevölkerung dieser Provinz aufführt; wenn ich nun auch nicht die Anwesenheit von Löwen leugnen will, so glaube ich doch kaum, dass, von den beiden Pachidermen irgend ein Exemplar in Uadjerat zu finden wäre, namentlich keine Flusspferde, die ohne Seen und grosse Flüsse gar nicht leben können. Die Hyänen wurden indess immer frecher, sie kamen Nachts zu Heerden von zwanzig und mehr in unser Lager, und da Niemand schiessen durfte, um nicht falschen Lärm zu machen, so gehörte alle Achtsamkeit dazu, diese gefrässigen Raubthiere von einem Angriffe auf unsere Thiere, als Esel, Ziegen und Schafe, fern zuhalten. Es waren übrigens jetzt auch schon bessere Vorsichtsmassregeln getroffen, indem allnächtlich Cavallerie-Piquets auf Distanz vom Lager aus vorgeschoben wurden, welches ausserdem noch durch Wachen und Posten gedeckt war.

Auch ein Spion kam dieser Tage, der aber dadurch, dass er die unglaublichsten Dinge erzählte, bald verrieth, dass er kein Bote von Prinz Gobesieh von Lasta sei, für den er sich ausgegeben hatte. Er wurde nach Boya zurückgesandt zum General Merewether, der mit Consul Munzinger speciell mit den politischen Geschäften betreut war, und es gelang diesem um so leichter, ihn zu überführen, als gerade ein paar ächte Abgesandte von Gobesieh sich im Lager befanden. Man befolgte übrigens den vernünftigen Grundsatz, solchen Leuten Nichts zu thun oder zu verbergen, im Gegentheil, es lag im Interesse der Engländer, ihnen Alles zu zeigen, da es ihnen gerade darum zu thun war, den Eingeborenen von der Ueberlegenheit unserer Waffen und Kriegskunst zu überzeugen. Ein anderer Fall war von etwas mehr Interesse: ein indischer Reiter war Gras schneiden gegangen und hatte, da es gerade zur Mittagszeit war, seinen Oberrock abgelegt. Ein Abessinier kommt herbei und läuft mit dem Rocke davon, während der Camerad des Soldaten herbeiläuft und dem Diebe das Kleid abnimmt, eilt ein anderer Abessinier herbei und zieht sein Schwert, wird aber mittlerweile von den beiden Soldaten gefangen, gefesselt und eingebracht, während es dem eigentlichen Thäter, dem Diebe gelang, zu entwischen. Kaum hatte sich die Kunde von der Gefangennahme dieses Mannes verbreitet, als seine Verwandten alle mit schweren Steinen belastet, die sie sich auf den Nacken hielten, vors Zelt des Oberst Phayre kamen und um Gnade baten. Die Mutter namentlich wimmerte und krümmte sich auf eine ganz ausserordentliche Weise, indem sie den Bauch zusammenzog und den Rücken hin- und herschlängelte. Dabei warf sie heulend eine Menge Staub und Sand auf ihren Kopf, so dass die Zwischenräume der Locken bald mit Sand und Schmutz ausgefüllt waren. Wir gaben ihnen zu verstehen, dass, da es schon spät Abends sei, den andern Morgen beide Parteien würden verhört werden, trotzdem blieben sie die ganze Nacht heulend vor unseren Zelten. Natürlich erwarteten sie nichts Anderes, als eine abessinische Justiz, Handabhauen, Köpfen oder Nägel in die Brust schlagen, welche letzte Strafe als etwas Neues erst kürzlich von Tedros Negus eingeführt ist. Am anderen Morgen wurden die Parteien verhört, und obgleich schuldig befunden, verzieh Colonel Phayre dem Manne, weil dies der erste Fall dieser Art war, der uns in Abessinien passirt war. Man kann sich das Erstaunen dieses Mannes denken, der, die Nacht über gebunden, nur an Handabhauen und Köpfen gedacht hatte und sogar zu essen verweigerte, weil er, wie er sagte, es als am Tage vor seinem Tode für unnütz hielt. Natürlich fing, sobald es bekannt war, er sei begnadigt, von Seiten der Verwandten das Stein auf den Nacken Legen wieder an, und auch das auf den Boden Werfen des Delinquenten fehlte nicht. Die Abessinier sind in dieser Beziehung ebenso demüthig, wie alle übrigen Negerstämme Innerafrikas, obschon bei ihnen diese Gebräuche wohl aus dem Judenthum herübergekommen sein mögen, von denen sie ja auch in der Religion eine Menge Einrichtungen, trotzdem sie sich nachher zum Christenthum bekannten, beibehielten. So haben sie noch die Beschneidung, die Heilighaltung des Samstags (ausser der des Sonntags), ihre ganze innere Kircheneinrichtung, die Abschlachtung der Thiere, den Unterschied zwischen koscherem und nicht koscherem Fleisch, die religiöse Verunreinigung von Kochgeschirren, wenn verbotene Speisen darin gekocht sind, die Unreinheit der Frauen während der Menstruation und nach der Entbindung; dies Alles sind Dinge, welche die Abessinier, fast möchte ich sagen, strenger beobachten, als die Gebräuche der christlichen Religion. Aus dieser haben sie indess eine so grosse Menge von Praktiken angenommen, dass jede der herrschenden Religionsparteien ihre eigene Lehre erblicken zu können meint, falls sie einige äussere Gebräuche, die die Abessinier haben, für die ihrigen erklärt. Der Katholik findet die Menge eingeführt, das Mönchswesen, die Ordination der Priester, während der Protestant dagegen behauptet: das Abendmahl wird unter beiderlei Gestalt gegeben, die Priester dürfen sich verheirathen, eine Ohrenbeichte existirt nicht, und wenn auch von einigen Königen Abessiniens der Papst als geistliches Oberhaupt anerkannt wurde, so hat das Volk dies nie gethan und die meisten der Fürsten auch nicht. Die Griechen und Kopten führen Aehnliches an und Letztere haben die gewichtige Thatsache für sich, dass der oberste abessinische Geistliche, der Abuna, nur von dem koptischen Patriarchen in Alexandrien darf ernannt werden. Endlich kommen auch noch die Anabaptisten und erinnern uns daran, dass die Abessinier, die sich mit Recht und Stolz zu den ältesten Christen rechnen, am heiligen Dreikönigstage sich alljährlich taufen lauen. Und die Mormonen, wenn sie nun auch gerade nicht Christen genannt werden, die aber selbst sich dafür halten und jedenfalls ihre Religion auf semitische Begriffe basiren, führen an: in Abessinien ist Vielweiberei geduldet, wie es im alten Testament war, woher auch die letzten Heiligen das Recht zur Polygamie zu haben glauben.

Im SW. von Boya auf dem Abhange der Berge liegt ein berühmtes Kloster, von Mönchen bewohnt; es war von diesem Kloster, woher man uns die grossen Pampelmuse, Citronen und andere Früchte gebracht hatte. Es scheinen übrigens jetzt lange nicht mehr so viele Klöster in Abessinien zu existiren, als im Mittelalter, zur Zeit der Portugiesen, obgleich die Beobachtung wenigstens der äusseren Formen jetzt strenger gehalten zu werden scheint, als zur Zeit des Don Roderigo. Die Mönche sind, wie gesagt, alle von Einem Orden und dürfen nicht heirathen, was sie indess auf irgend eine Art zu umgehen wissen.

Am 2. März war uns endlich die gewisse Ankunft des Generals Sir Robert Napier im Lager von Boya bei Antalo angezeigt worden und wir machten uns alle auf, um ihn zu empfangen. Seine Verzögerung war dadurch hervorgerufen worden, dass er lange auf eine Zusammenkunft mit Kassa von Tigre gewartet, während dieser gar keine Lust hatte, mit dem englischen Oberbefehlshaber zusammenzutreffen. - Zuerst wurden Herr Munzinger und Grant an ihn nach Adua abgeschickt; und als Sir Robert nun sehnlichst in Adebaga auf ihn wartete, musste Herr Major Grant noch zwei andere Male an ihn abgesandt werden, ehe seine Hoheit Kassa geneigt war, mit dem englischen General zusammenzukommen. Endlich am 25. Februar, nachdem die Zusammenkunft am 2. oder 7. Februar sein sollte, war Kassa mit seinem Lager dicht bei Adebaga und Sir Napier ritt auf einem Elephanten hinaus, um ihn zu empfangen. Es wurde uns nun auch auf ein Mal klar, warum Sir Robert so sehr auf das Herbeischaffen der Elephanten gedrungen hatte, die bis jetzt dem englischen Gouvernement Tausende von Pfund Sterlingen gekostet, aber gar keinen Nutzen gebracht hatten. Natürlich hätte er sich lächerlich gemacht, hätte er die Forderung für einen oder zwei Elephanten zum Reiten gestellt, aber unter dem Vorwande von Transport hatte er auch natürlich Elephanten zum Reiten zur Disposition. Nichts war eine lächerlichere und unnützere Kostspieligkeit als die Herbeischaffung von Elephanten aus Indien. Und glaubte Sir Robert vielleicht, dadurch Kassa zu imponiren, während er sich doch, in den Augen der ganzen Welt so kindisch lächerlich machte, indem er, um einen Abessinier zu imponiren, ganz andere Mittel hätte anwenden müssen. - Genug, Kassa, der dem ruhig zusah, schien es kaum zu bemerken, dass der englische Obergeneral einen Elephanten geritten hatte, und beide gingen sich im Freien entgegen und begrüssten sich. Der General sagte dann ungefähr, er hoffe, Kassa werde entschuldigen und verzeihen, dass er mit der englischen Armee durch Tigre zöge (wenn das der Fall gewesen, so war es höchst unpassend, weil Kassa eigentlich nur Gouverneur einer Provinz war, zudem im offenen Aufruhr gegen seinen König sich befand). Kassa erwiderte: es sei ihm dies allerdings unangenehm, er könne aber nichts daran ändern. Sodann forderte Sir Robert ihn zu einer geheimen Unterredung in seinem Zelte auf, wohin dieser ihn begleitete und bewirthet wurde. Kassa bekam dann einen schönen Hengst und eine schöne Flinte zum Geschenk (möglicherweise auch Geld, sogar wahrscheinlich). Abends besuchte wiederum Sir Robert den Tigrefürsten in seinem Zelte und nachdem er Tetsch, d. h. Honigwasser, Brod und rothe Pfeffersauce zur Genüge vorgesetzt bekommen hatte, investirte ihn Kassa mit einem abessinischen Gewande, mit einem Schwerte und schenkte ihm ausserdem ein Maulthier. So umgewandelt in einen abessinischen Häuptling verliess Sir Robert das Zelt Kassa's, wohin er auf einem Elephanten geritten war. Die Comödie konnte nicht vollkommener sein.

Sir Robert muss in der That sehr schlecht berathen gewesen sein, dass er, um einem so kindischen Gepränge zu fröhnen, in schläfriger Langsamkeit die Armee warten, und kostbare Tage zum Vorwärtsgehen auf Magdala verstreichen liess. Wog in der That die Zusammenkunft mit Kassa einen Verzug von 14 Tagen, in welchem Zeitraume die Armee, wenn sie gewollt hätte, von Antalo bis Magdala hätte vorrücken können, auf? Wir glauben es nie und nimmer. Zudem sage man nicht, es waren keine Vorräthe in Antalo: ich kann constatiren, dass Ende Februar auf dem Commissariat für die ganze Force des General Collings, die aus 1500 Mann jeder Waffengattung bestand, Vorräthe an Lebensmitteln für 3 Monate waren, dennoch war vom Vorgehen nicht die Rede. Zudem kamen alle Tage neue Lebensmittelzuzüge, und aus dem Lande selbst wurde auch nicht unbeträchtlich Korn eingekauft und namentlich an Vieh, Ochsen, Schafen und Ziegen war Ueberfluss bei einem Preise, der noch nicht den vierten Theil beträgt von dem, was wir in Europa zu zahlen gewohnt sind.

Wir fanden im Lager eine Menge alter Bekannter vor, und nachdem wir beim General Merewether, von dem wir seit einigen Tagen wieder getrennt waren, gefrühstückt hatten, sahen wir uns das Lager an. Auch vier grosse Armstrong-Kanonen waren schon angekommen, Sir Stavely, Divisions-General, war ebenfalls da mit seinem Adjutanten, dem Major Baigrie, welcher die hübschen Zeichnungen für die London illustr. news aus Abessinien verfertigte. Endlich kam Sir Robert auch, der zuvor noch nach Schelicut gewesen war, um die dortige Kirche zu besehen.

Sir Robert hatte dann gleich eine Zusammenkunft mit General Merewether, der als Director der politischen Angelegenheiten mittelst Munzinger den Zustand des Landes besser als irgend einer kannte und bemüht war, den Obergeneral von dem unheilvollen Entschluss, Magdala erst nach zwei Monaten anzugreifen, weil nicht Truppen und Vorräthe genug in Antalo seien, abzubringen. Dass hätte einfach geheissen, die Attaque bis zum nächsten Jahre hinauszuschieben. Um so unerklärlicher war es, als Gobesieh, Chef von Lasta, dem englischen Obercommando die förmlichsten Avancen gemacht hatte, als sogar von Menelek, Fürst von Schoa, die Nachricht eingelaufen war, er sei wieder gegen Theodor im Felde, als mehrere Galla-Fürsten direct den Engländern Freundschaft angeboten hatten. Man konnte also nur geraden Weges bis Talanta, einer Hochebene zwischen dem Djidda- und Bechlo-Flusse, und wo Theodor den letzten Nachrichten zufolge, sich festgesetzt haben sollte, vorgehen. - Man hatte wenigstens eins gethan, Munzinger war an Gobesieh von Lasta geschickt worden, um dessen Höflichkeiten zu erwidern und um Geschenke von Sir Robert zu überbringen. Am Abend vorher war er weggereist und hatte den Weg, nach Süden über Aladje genommen, welcher bedeutend kürzer und besser als der, den wir einzuschlagen hatten, über Messino.

Nachdem wir alle Bekannten im Lager begrüsst hatten, eilten wir wieder vorwärts, freilich war es sehr spät geworden, aber wir hatten etwas Mondlicht, sonst hätten wir trotz der bearbeiteten Route eine üble Passage gehabt.

5. Durch Uadjerat nach dem See Aschangi

Oberst Phayre brachte die Erlaubniss zum Weitermarsche mit sich, obwohl nur für einige Märsche, und über die Absicht des Generals Napier war er ebenso wenig ins Reine gekommen, wie jeder Andere. Demzufolge verliessen wir am 3. März Miske und marschirten auf Garab-Digdig. Dieser Ort ist vom ersteren etwa 6 englische Meilen in SSO.-Richtung entfernt. Die Miske-Ebene erhält nämlich drei hauptsächliche Thäler, eins direct von Osten kommend, das zweite von SSO., eben das Garab-Digdig-Thal, dann ein drittes von Süden kommend, das Aladje-Thal. Warum das letztere nicht zum Weitermarsche gewählt wurde, ist unbegreiflich, denn die grossen Schwierigkeiten dieses Thales sind bei Weitem nicht so hinderlich, wie in dem Thale, welches von der Avantgarde gewählt wurde. An Schönheit fehlte es im Garab-Digdig-Thale freilich nicht, steile Felswände und eine üppige Vegetation, bei der jetzt, da wir uns wieder der Höhe von 8000' näherten, besonders schöne Wachholderbäume sich zeigten, lohnten reichlich den Reiter für die Mühe des Kletterns, die er zu überwinden hatte. Wir blieben hier nur einen Tag, da theils der Lagerplatz selbst für unsere kleine Force sehr beschränkt war, theils auch die Lebensmittel hier spärlich einflossen, und brachen deshalb am anderen Morgen früh auf, um nach dem 6 Meilen entfernten Messino hinaufzumarschiren. Immer steigend, war das Thal bald enger, bald weiter, und 1500' Fuss hohe steile Sandsteinwände engten das Thal manchmal so ein, dass eine Force von einigen hundert Mann hinlänglich gewesen wäre, diesen Zugang mit einigen Kanonen der englischen Armee streitig zu machen. Zudem war bei der Steilheit der Wände, die oft perpendiculär abfielen, an ein Umgehen nicht zu denken, fast alle Berge waren ebenso unzugänglich wie der gerade im Westen von Garab-Digdig liegende Berg Bit-Mara, welchen die Eingeborenen alle als unübersteigbar erklärten. Die Vegetation bis nach Messino hinauf war noch üppiger als im unteren Theile des Thales und eine Stelle voll herrlicher, wilder Olivenbäume, Sumach, Mimosen und Lorbeeren, durch Schlingpflanzen eng verbunden, raubte uns gänzlich die Aussicht auf die Thalwände, man hätte glauben können, in einem Urwalde an den Ufern des Bénue oder des Nigers zu sein. Aber wenn wir nun auch in Messino, welches fast am obersten Punkte des Thales, das im Allgemei-

100

nen den Namen von Garab-Digdig beibehält und dem Tschiro tributär ist, einen bedeutend grösseren Lagerplatz fanden, so stellte es sich hier mit der Verproviantirung noch kläglicher heraus. Namentlich an Gras oder Heu war gar Nichts aufzutreiben, theils war alles vom Vieh schon abgeweidet, theils waren die Gräser abgebrannt. Ja, selbst gleich bei unserer Ankunft sollten wir einen der grössten Grasbrände mit ansehen, da ob absichtlich oder zufällig die Eingeborenen den Gipfel des kolossalen Duggeduka-Berges in Brand setzten, welches Feuer mehrere Tage anhielt. Da dies gerade im Augenblicke unserer Ankunft stattfand, so war es wohl möglich, dass es ein Signal sein sollte, und die uns begleitenden abessinischen Führer glaubten dies sogar fest. Am Tage unserer Ankunft kam zudem ein Sendling von Walde Jasus, Chef von Uadjerat, um uns vor dem benachbarten Galla-Häuptling von Arara zu warnen, der seiner Aussage nach uns überfallen wollte. Wenn wir nun auch hinlänglich stark waren, um einem Ueberfall von Galla widerstehen zu können, da sie überdies ja ohne Flinten sind, so sandten wir dennoch denselben Tag nach Garab-Digdig, um 50 Mann Infanterie heraufkommen zu lassen, da wir bloss Reiterei bei uns hatten; in selber Nacht traf dies Detachement noch ein.

Wir waren in Messino jetzt so hoch, wie wir noch nicht gewesen waren, mein Hypsometer kochend bei 197deg.6 Fahrenheit bei einer äusseren Temperatur von 13deg. C. ergab 7530 Fuss. Die bedeutende Höhe manifestirte sich nicht nur in der Veränderung der Vegetation, sondern auch in der

Dürre der Luft, das Hygrometer stand Morgens vor Sonnenaufgang auf unter 30deg., und hatte Nachmittags zur trockensten Zeit bloss 20deg..

Die kolossalen Berge, die uns umgaben, namentlich nach Westen zu, alle Bastionen vom Aladje-Stock machten es nothwendig, einen derselben zu messen, und ich wählte dazu den von unserem Lager am nächsten liegenden Duggeduka-Berg gerade in Südrichtung von uns. Leider hatte ich kein Aneroid zu meiner Disposition, da alle ausgelaufen waren. Vom Lagerplatze ausgehend, erreichten wir in drei Stunden die Spitze des Berges, zu dem eine steile Schlucht uns hinaufführte, der Granit lag hier zum ersten Male offen zu Tage und bewies, dass der Kern des Gebirges aus dieser Masse bestand, höher hinauf fanden wir Quarz, Sandstein und Kalk. Oben angekommen, fanden wir Alles abgebrannt, an manchen Stellen noch Feuer. Das Hypsometer ergab beim Kochen 191deg.4 Fahrenheit[14] bei einer äusseren Temperatur von 28deg. C., das Hygrometer zeigte 10deg., der Wind war 1deg. SO. Der Himmel war schmutzig vom Rauche der rings umher brennenden Grasflächen. Dies hinderte auch bedeutend die Fernsicht, obgleich wir das Lager von Boya bei Antalo in 360deg. auf 20 englische Meilen Entfernung liegen sehen konnten. Ebenso war es möglich, den Bergzug nördlich vom Aschangi-See in gerader Linie circa 35 Meilen entfernt auf eine Linie von 160deg. zu erblicken. Die konische Spitze vom Aladje-Berg hatten wir 280deg. auf circa 10 Meilen Entfernung von uns, dieser Berg soll nach den Aussagen der Eingeborenen der höchste in dieser

Gegend sein, indess konnte er den von uns bestiegenen nur um ein Weniges übertreffen. Gleich an der anderen Seite des Duggeduka fanden wir ein weites Thal von OSO. nach WNW. ziehend und auf den Aladje-Berg anscheinend zugehend.

Als wir den Berg herunterkamen, fanden wir Grant (den Afrikareisenden) in unserem Lager vor, er hatte den Auftrag, am folgenden Tage mit einer Abtheilung Sind-Horses zur Proviantanschaffung vorwärts nach Attala zu gehen. Ebenso war auch der Times-Correspondent, für die Engländer immer eine wichtige Persönlichkeit, in Person des Doctor Austin, eingetroffen. Die meisten dieser Correspondenten pflegten indess nur durch die Augen der höheren Offiziere zu sehen, ich kannte einen, der sich immer die Rapporte geben liess, diese einfach etwas verschönerte oder vielleicht verschlechterte und dann als sein Werk seiner Zeitung zuschickte. Viele waren auch äusserst anmassend und berichteten, wenn sie ihre Wünsche, z. B. bei der Avantgarde zu sein oder sonst einem Corps attachirt zu werden, nicht gleich erfüllt sahen, die lügenhaftesten Berichte über rohe Behandlung Seitens der höheren Offiziere etc.

Es schien übrigens wirklich, als ob Sir Robert die Absicht habe, seine grossen Kanonen (die 4 zwölfpfündigen Armstrong) mit den Elephanten nach Magdala hinaufzubringen; die Wege, die in Einem Tage von Etappe zu Etappe hergestellt werden konnten, für Maulthiere und Pferde, bedurften natürlich zur Weiterbeförderung der Elephanten und Kanonen einer weit sorgfältigeren Bearbeitung, dabei kamen alle Tage Befehle und

Gegenbefehle, so dass Niemand wusste, woran er war.

Phayre hatte natürlich keine Ruhe, sobald er sah, dass eine andere Force vorgeschoben war, in Messino zu bleiben, und am folgenden Tage brachen auch wir auf. Wir hatten zur Begleitung noch den Times-Correspondenten bekommen, obwohl Phayre keineswegs seine Gegenwart lieb war, weil er überhaupt keinen Zuwachs wünschte. Bis Attala sind, mit Kette und Perambulator gemessen, beinahe 10 Meilen, aber die Schwierigkeiten werden durch die Uebersteigung des von Ost nach West streichenden Aladje-Stockes, so nenne ich dies Gebirge, welches Bit-Mara, Duggeduka und andere, mehr als 10,000' hohe Punkte in sich schliesst, so gross gemacht, dass uns überhaupt noch keine so gefährliche Passage in Abessinien vorgekommen war. Der zu passirende Pass, mehr als 10,000' über dem Meere und mehr als 2000' steilen Aufgang habend, bot in der That eine Vergrösserung der Naturhindernisse, wie wir sie beim letzten Aufgange im Taconda-Passe gefunden hatten. Ein steiler, sich fortwährend in Zickzack hinauf krümmender Weg, durch grosse Blöcke manchmal versperrt, mit kleinen Rollsteinen überschüttet, und manchmal Absätze habend, die bis mehrere Fuss hoch waren, manchmal von Mimosen oder Juniperen so niedrig überwachsen, dass man nur gekrümmt durchkriechen konnte, bot natürlich für unsere beladenen Maulthiere die grösste Gefahr und Beschwerde. Indess hatten wir den ganzen Tag vor uns, und da wir früh wegmarschirt waren, hatten wir keinen Unfall zu beklagen. Am Tage vorher hatten Grant und die Sind-Horses, welche von Dunkelheit überrascht worden waren, mehrere Maulthiere verloren, von denen wir zwei, die in der Wildniss umherirrten, wieder aufgriffen. Vier von ihren Pferden waren in Abgründe gestürzt und umgekommen. Der ganze Weg, namentlich der steile Abgang nach Attala zu, der noch gefährlicher war, als der Aufgang, war mit Sachen aller Art übersäet; hier sah man Sättel, dort Schläuche, Schuhe, Decken, kurz, der Weg sah aus wie ein Schlachtfeld am folgenden Tage.

Nahe bei einer Quelle, von einem grünen Baume überschattet, sah man einen Lagerplatz und noch brennendes Feuer, Beweis, dass ein Theil der Reiterei Attala am Tage vorher nicht erreicht, sondern hier campirt hatte. Wir frühstückten dort und traten dann den Weg in das schöne Ainema-Thal an. Aber so schrecklich auch der Abgang war, weit schlimmer als der Aufgang, so hatten wir doch keinen einzigen Verlust; mit Ausnahme, dass einige Maulthiere ihre Bürde abwarfen, kam Alles wohlbehalten unten an. Nicht so war es mit der Bagage des armen Times-Correspondenten, welche schlecht geladen und schlecht bedient war, so dass sie uns allerdings einen Verzug von einigen Stunden verursachte.

Im Lager von Attala angekommen, erfuhren wir, dass viele der Packthiere von Grant's Leuten noch nicht angekommen waren; sie hatten einen falschen Weg genommen. Ich sah hier übrigens, dass die Armee einen grossen Fehler begangen hatte, nicht den geraden Weg von Antalo über Miske-Aladje, d. h. die grosse Caravanenstrasse einzuschlagen. Abgesehen davon, dass der Pass von Aladje unmöglich steiler sein konnte, als der, welchen wir überstiegen hatten, war er weniger hoch, die Wegeslänge wenigstens zehn Meilen kürzer, und was vom strategischen Punkte aus äusserst wichtig war, man marschirte den Aladje hinauf immer in einem breiten Thale, während aber Garab-Digdig und Messino das Thal sich an manchen Stellen so verengte, dass die gegenüberliegenden Wände sich zu berühren schienen. Konnte man immer auf die Freundlichkeit der umwohnenden Bergbewohner rechnen, und selbst das Benehmen zum mindesten zweideutig von Walde Jasus, dem Chef des Uadjetit-Districtes, forderte es nicht auf, einen Weg so wenig gefährlich und hinderlich wie möglich zu nehmen? Aber man hatte den grossen Umweg über Messino einmal gewählt, der sich wie ein Kreis um die bemerkenswerthe Aladje-Spitze herumwindet, und das Selbstgefühl Phayre's schien zu leiden, wenn er jetzt hätte sagen sollen, der Weg über Aladje ist kürzer, sicherer und weniger hinderlich. So wollte er auch Nichts von den Gefahren des eben zurückgelegten Weges, den auf seinen Rath[15] die Armee zu nehmen hatte, wissen, trotzdem dass todte Pferde und entlaufene Maulthiere hinlänglich die Schwierigkeiten des Passes bekundeten.

In Attala fanden wir übrigens einen herrlichen Lagerplatz im Bette des breiten von Osten nach Westen gehenden Thales, gerade nördlich von uns hatten wir den zuckerhutartigen Aladje, etwas weiter nach Osten den fast eben so hohen Duggeduka und die Südwand des Thales war von gleich pitto-

resken Bergen gebildet. Wir befanden uns bei Attala in gleicher Höhe wie Messino, so dass ich es
nicht für nötig hielt, hypsometrische Beobachtungen zu machen, indess glaubte ich es doch nützlich, meine eigene Behauptung bewahrheiten zu
müssen, dass der Pass über Aladje kürzer und besser sei, als der über Messino, den wir genommen
hatten; in der That fand ich es denn auch so. Der
Aufgang bis auf die Crete des Gebirges, südlich
vom konischen Aladje-Pik bot gar keine Schwierigkeit für Saumthiere und schien ein sehr began-
gener Caravanenweg zu sein, da mir Haufen von
Handelsleuten entgegenkamen, von da an theilte
sich der Weg in einen bei Bit-Mara vorbei nach
Garab-Digdig fahrenden und einen anderen nach
Antalo über Miske, der letztere schien auch auf
dem nördlichen Abhange gar keine Schwierigkeit
zu bieten.

Indess wurde die Gegend auch etwas unsicherer,
abgesehen davon, dass wir von allen Parteien ge-
warnt wurden, gegen die oder jene Partei auf unserer Hut zu sein, fanden wir eines Tages einen
Maulthiertreiber grässlich verstümmelt, ein anderer war gänzlich verschwunden. Mangelhafte
Ordnung im Lager war wohl daran schuld, dass
man den Leuten z. B. erlaubte, sich auf beliebige
Distanzen entfernen zu können, oder die Abessinier ruhig die Lager durchschweifen liess.

Trotzdem ging und gelang Alles, ein Feind war ja
nirgends zu sehen und andere Hindernisse, welche
sie auch sein konnten, wurden mit Geld besiegt. Ja
da, wo sich möglicherweise ein Feind hätte zeigen
können, z. B. ein Chef von Tigre, ein Chef von U-

adjerat oder ein Prinz von Lasta, wurde das Geld so zeitig in Bewegung gesetzt, dass unzufriedene Gefühle bald beschwichtigt wurden. - Ausserdem wurde fortgefahren, Befehle zu geben und zu widerrufen, heute wurde befohlen, jede Rum-, Thee- und Zuckerausgabe des Transportes halber aufzugeben, morgen wurde dies widerrufen, kein Offizier sollte mehr als 75 Pfund Gepäck haben, und man sah gemeine Soldaten (jeder Sind-Horseman z. B. hier im Lager von Attala), die Matratzen mit sich führten, die allein 40 bis 50 Pfund wogen. Die Ausrüstung und Bewaffnung, weniger die Verpflegung der Truppe war eine ganz ausgezeichnete.

Den Pass von Aladje, der vom Attala-Thale aus einen sehr leichten Aufgang hatte, bestimmte ich mit dem Hypsometer zu 9630', der Pik selbst, der 1500' hoch sein konnte, war unzugänglich für mich. Eine der Hauptfesten des Chefs von Uadjerat führt nur ein einziger schmaler Zickzackweg hinauf, sonst fällt die Amba nach allen Seiten hin einige hundert Fass hoch senkrecht ab. Sie ist fortwährend von Soldaten bewohnt, auf dem Pik findet sich eine Quelle und es sind dort Vorräthe von Korn, Butter und sonstigen Lebensmitteln auf Jahre angehäuft. Uebrigens, wenn ich so die höchsten Punkte um Aladje besucht hatte, so kann ich nur sagen, wie trostlos das Land aussah, überall baumlose Berge, einer höher als der andere, und die wenige Vegetation, die in den Thälern und Schluchten war, blieb unsichtbar, alle Wiesen waren jetzt abgebrannt. Nur einen schönen Blick hatte man von Attala aus; wenn man dem Bache westwärts folgte, so öffnete sich das Thal auf den Tselari-Fluss zu und im Nebel verschwindende Berge, steile Amben, wunderliche Pyramiden tauchten auf und luden den Beschauer ein, nach Semien zu kommen.

Wenn in Abessinien so fortgefahren wird mit Brennen und Sengen, so wird das ganze Land nach einigen Jahrhunderten eine Wüste sein, denn die meisten Berge sind zu abschüssig, um bei den tropischen Regengüssen die Humusschichten zu erhalten. Aber einmal erst von jedem fruchtbaren Erdboden reingewaschen, werden die Berge nur noch jene traurigen schwarzen Steinmassen zeigen, wie sie das gegenüberliegende Arabien, wie sie die grosse Wüste aufzuweisen hat. Vor Jahrhunderten waren sicher alle jene Bachrinnen, die jetzt nur periodisch in der Regenzeit Wasser haben, beständige Giessbäche, wie wir sie in Innerafrika in Bornu und Mandara, Haussa, Bautschi und anderen centralafrikanischen Ländern zu sehen Gelegenheit hatten; wo man auch zwar brennt und zwar unvernünftig genug, die grossen Brände aber mehr auf die Ebenen beschränkt bleiben. In einem aus so durchaus steilem Gebirgsboden bestehenden Lande wie Abessinien sollte sorgsamst auf Erhaltung des Pflanzenwuchses gesehen werden, um eben für die Thäler eine permanente Bewässerung, für die Berge eine dicke Erdbekleidung zu erhalten.

Am 10. März erhielten wir noch spät Abends Nachricht vom Hauptquartier aus Boya bei Antalo. Herr Napier hatte Befehl zum Marschiren gegeben, war aber aus Mangel an baarem Geld zurückgehalten worden, zugleich aber auch war der Abgang von 300,000 Maria Theresia-Thalern von Adi-Graat angezeigt. Ebenso waren 40 Elephanten mit Mörsern und anderem schweren Geschütz eingetroffen und stand also Nichts dem weiteren Marsche der Armee im Wege. Da auch unsere Lebensmittel eingetroffen waren, so überstiegen wir am 11. März den steilen Mollaho-Pass, der das Attala-Thal von dem nur 3 Meilen entfernten Eiba-Thale trennte. Da es spät geworden war, konnten wir indess nicht weiter kommen, denn gleich vor uns tauchte wieder ein anderer Pass auf. Es begegneten uns viele Leute mit Korn und auch in Eiba konnten wir für unsere kleine Force genug einkaufen. Die Leute schienen mir heller von Farbe zu sein, von den Frauen und Mädchen hatten indess viele Kröpfe. So wiederholt sich dies überall, wo hohe Gebirgsstöcke in Afrika sind, wie bei uns in Europa (Alpen, Pyrenäen); ich beobachtete Kröpfe im hohen Gora und im Atlas-Gebirge. Eiba ist ein Thalkessel, der sich nach Westen zu öffnet durch ein Rinnsal, das in Vereinigung mit dem Attala-Wasser dem Tselari tributär ist. Dieser Thalkessel ist indess bedeutend höher, als das Attala-Thal, so dass, wenn man den 8407' hohen Mollaho-Pass überstiegen hat, man nicht wieder so tief hinab zu steigen braucht. Vor uns lag jetzt im SW. der massenhafte Dogoa-Zebit-Berg, der grösste Koloss, den ich bis jetzt in Abessinien gesehen hatte, und von wenigstens nach dieser Seite hin ziemlich sanft abfallenden Wänden.

Der Dogoa-Zebit, auch Farar-Amba genannt, wurde an seinem südöstlichen Abhange am folgenden Tage überstiegen, da wir nach dem 10 Meilen, in

150deg. Richtung entfernten Doha, auch Doba, Mai-Doba oder Mechan wollten. Der Pass, der uns über diesen Berg führte, Debar-Pass genannt, ist von Norden her sanft ansteigend, fällt aber nach Süden zu in zwei steilen Absetzen 2000' tief in die Doba-Ebene. Der höchste Punkt des Dogoa-Zebit ist wenigstens noch 2000' über dem 9723' hohen Pass. Der Berg besteht durchaus aus Granit, aber weiter nach Süden zu zeigen sich vulkanische Steine. Am Ostabhange in steilen Klippen haben sich Leute eingenistet, aus Furcht vor den Galla, deren Gebiet hier jetzt gleich anfängt, diese unzugänglichen Felswände als Wohnsitz wählend. Sobald man die Ferar-Amba überstiegen hat, ist der Fall der Gewässer nicht mehr nach Westen zu, sondern nach dem Rothen Meere, und mit der Wasserscheide hört auch die christliche Religion auf, wir sind in einem vollkommen mohammedanischen Lande. Auch politisch sind hier Grenzen, wir haben den südlichsten Punkt von Uadjerat erreicht, nach Westen zu ist alles noch Enderta-Land, während die Mohammedaner nach Süden und Osten zu dem Prinzen Gobesieh von Lasta tributpflichtig sind. Sobald man den Debar-Pass überwunden hat, kommt man in ein hinlänglich gut bewaldetes Land. Wenn man auch keine grossen Bäume antrifft, so ist das Auge doch erfreut durch das frische Grün der Juniperen und Mimosen. Die Gegend ist daher auch gut bewässert und in den Abhängen der Berge tummeln sich grosse Heerden von Affen umher. Trotzdem nun die Gegend recht einladend für Wild zu sein scheint, so hatten wir doch zum ersten Male in Abessinien weder Schakale, noch Hyänen des Nachts in unserem Lager, wir bemerkten dies sowohl in Eiba, wie in Mai-Doba. Dafür aber hatten wir hier im Buschwerk bei den Quellen Nachtigallen, sahen den nackthalsigen Aasgeier, den beständigen Strassenreiniger in den Orten von Innerafrika, Vögel, die uns bisher noch nicht aufgestossen waren. Die mohammedanische Bevölkerung dieser Gegend empfing uns übrigens ebenso gut für unser Geld, wie es bisher die christliche gethan hatte, und wir konnten hinlänglich Korn und Vieh einkaufen. Ueberdies unterscheiden sie sich in Nichts von ihren Nachbarn, weder in Gestalt, Farbe der Haut, Tracht oder Sprache, nur tragen sie kein blaues Band um den Hals, hier das einzige Zeichen, dass man Christ ist.

Während wir so glaubten, dass Hyänen unser Lager in Doba nicht besuchen würden, wurden wir indess gleich am zweiten Abend bei unserem Essen durch das Geheul von wenigstens einem Dutzend dieser Thiere aufgestört, die, wie es schien, unsere Anwesenheit herbeigelockt hatte. In der That wäre es wunderbar gewesen, wenn diese widerlichen Thiere so plötzlich verschwunden gewesen wären.

Gobesieh, Prinz von Lasta, gab uns indess ein Zeichen seiner festen Freundschaft und schien es viel ernster mit dem Bündnisse der Engländer zu nehmen, als Kassa von Tigre. Er sandte uns früher in einem Briefe die Nachricht, dass die Leute beim Aschangi-See Befehl hätten, uns bei den Wegearbeiten zu helfen; hier angekommen, fanden wir in der That Leute vor, die Befehl zum Arbeiten hatten, und wenn sie auch gerade nicht sehr tüchtig waren und lange nicht so gut als englische oder indische Arbeiter, so war doch ein thatsächlicher Beweis von Hülfe gegeben. Ebenso hatte er seinen Unterthanen Befehl gegeben, uns Korn zu bringen, und als wir eines Tages von Doha aus einen Spazierritt in die Gegend des Aschangi-Sees machten, von dem uns nur noch etwa 10 Meilen trennten, begegneten uns Hunderte von Weibern, alle mit Korn beladen. Meist Mohammedaner, jedoch unter der Herrschaft des christlichen Lasta-Fürsten Gobesieh, sangen sie Lieder, als sie bei uns vorbeizogen, zu unserem Preise und baten Gott, dass mit unserer Ankunft gute Ernte und Regen verknüpft sein möchte. Der Chor fiel dann immer mit "Amin" ein. Der Teint dieser Frauen schien etwas heller zu sein, aber in ihrer Kleidung waren sie ebenso schmutzig wie ihre christlichen Schwestern, das schmutzigste Volk, was in Afrika existirt. Ihre Haare tragen sie ebenfalls in kleinen Flechten von hinten nach vorn über den Kopf geflochten, nur Einmal im Leben gemacht, später dem Schmutze, der Butter und dem Ungeziefer frei überlassen; manche hatten sich so mit Butter die Haare geschmiert, dass als die Sonne darauf schien, dieselbe übers Gesicht und den Hals herabfloss. Die oberen Kleidungsstücke bekommen davon eine glänzend schmutzig schwarze Farbe. Viele der Frauen hatten enorm grosse eiserne oder silberne Armringe. Perlenschmuck sieht man sonst wenig in Abessinien, höchstens haben kleine Kinder Perlenschnüre um den Hals. Die Männer tragen ausser dem blauen Halsband von Seide, wenn sie Christen sind, gar keinen Schmuck, bei einigen wenigen

Mohammedanern bemerkte ich einen schmalen eisernen Ring um den linken Oberarm. Die Wohnungen der hiesigen Mohammedaner waren übrigens ebenso schlecht wie die der christlichen Abessinier und bei Weitem roher und schmutziger, als die der Neger in Innerafrika. Hier meist eine runde Mauer aus Stein mit Thon zusammengeklebt und von einem so schlechten und wenig künstlich gemachten Dache gedeckt, dass es fast alle Jahre erneuert werden muss. In Innerafrika geometrisch runde zwar aus Thon ohne Steine aufgeführte Mauern und so schön und kunstreich mit Stroh überdacht, dass es wenigstens während einer Generation dem Wetter Widerstand leistet. Hier der Boden im Hause, wie ihn die Natur giebt, in Innerafrika geebnet, in Bornu von gestampftem Thon, in einigen Sokoto-Provinzen sogar von Mosaik-Arbeit.

Aber in Allem stehen die Abessinier gegen die Neger Bornu's und Sokoto und anderen zurück, obwohl seit Jahrhunderten mit Europa im directen Verkehr und durch die Erwählung eines koptischen Abuna von Alexandrien in geistiger Verbindung mit den übrigen christlichen Religionen; kein Land hat so viele europäische Besucher gehabt, als Abessinien, und nie ist ein Land mehr mit Missionen von Katholiken und Protestanten überschwemmt worden als Abessinien und doch sehen wir keine Spur davon. Aber wie die Araber, deren ganzes Leben sich nur um eine fanatische Religion dreht, sich nie civilisiren werden, ebenso wenig werden die Abessinier, wenn sie nicht ihren Religionsdünkel ablegen, je auf eine höhere Culturstufe kommen.

Es war Sonntag der 15. März geworden und wir hatten die Absicht gehabt, bis am folgenden Tage in Doha zu bleiben, als um 11 Uhr Grant mit Sind-Horses und Oberst Lack mit einer Abtheilung des 3. leichten Cavallerie-Regimentes eingerückt kamen. Es wurde nun auf der Stelle der Befehl gegeben, aufzubrechen und obwohl es schon 11 Uhr war, befanden wir uns nach einer halben Stunde im Marsche, um nach dem 5 Meilen entfernten in S. z. O.-Richtung liegenden Haya zu marschiren. Grant brachte uns zugleich die Nachricht mit, dass Sir Robert endlich Antalo verlassen habe und sich schon mit dem ganzen Hauptquartier in Attala befände. Wie ich vorausgesehen hatte, war die Route über Garab-Digdig und Messino aufgegeben worden, man hatte die kürzere über Aladje vorgezogen. Viel hatte dazu beigetragen, dass unser Dailey Telegraph-Correspondent[16] von Attala aus über Aladje nach Antalo geritten war, freilich nicht mit der Absicht, um Sir Robert zu bewegen, diese Route zu nehmen, sondern Privatangelegenheiten halber, aber man hatte gesehen, dass die Route passirbar war, und das war für die Armee ein grosser Gewinn an Zeit und Mühe. Sir Robert Napier hatte den Aladje sogar mit einigen Elephanten passirt, ohne dass Hand vorher angelegt worden war, den Weg passirbar zu machen. Aber er schien jetzt von einem Extrem ins andere fallen zu wollen, konnte er vorher nicht langsam und vorsichtig genug Vorgehen, so wollte er jetzt mit aller Gewalt darauf losgehen. Dies bewog uns denn auch, so rasch wie wir konnten vorzugehen. Wir hatten den Weg bis Haya schon höher recognoscirt; obgleich in einer recht wild romantischen Gegend, ist er gerade nicht sehr schwierig für Packthiere; wie früher sind die Berge dicht mit schönem Wachholder und grossen Schirmmimosen bestanden. Wir gingen aber, in Haya angekommen, gleich noch weiter den Ashara-Pass hinauf, der uns noch vom Aschangi-See trennte, und obgleich herzlich müde, wurden wir, oben angekommen, reichlich durch den lieblichen Anblick belohnt, der sich vor unseren Blicken ausbreitete. Der Ashara-Pass ist eine Rippe vom hohen Saringa-Berge, der reichlich so hoch als der Zebit-Ferar-Berg ist, und der sich jetzt, da sein ganzer Gipfel in Brand gerathen war, wirklich prächtig ausnahm. Wir konnten freilich vom Ashara-Pass nicht den ganzen See übersehen, hatten aber dennoch ein Bild vor uns, wie man es nur in der Schweiz oder Tyrol wiederfindet; Munzinger, der am selben Tage Briefe von Lat einschickte, vergleicht den Aschangi mit dem Zuger-See. Allerliebst nahmen sich zu unseren Füssen die kleinen von runden Hütten gekrönten Hügel der Ostseite des Sees aus, und weiter hin nach Osten dehnte sich das mächtige Teltal-Ade-Sagol-Thal aus. Als wir uns genügsam an diesem prächtigen Anblick geweidet hatten, kehrten wir zu unserem Lagerplatz zurück, und fanden mittlerweile unsere Zelte aufgeschlagen. So sehr wir nun auch befriedigt waren, wenigstens am 15. März, an einem Sonntage, den Ashangi-See, von dem wir so viel gehört und von dem wir so viel gesprochen und nach dem wir uns so sehr gesehnt hatten, noch gesehen

116

zu haben, so wurde unsere Freude etwas herabge-
stimmt wenn wir an die Schwierigkeiten dachten,
mit unserer Bagage den folgenden Tag den Ashara-Pass hinauf zu müssen; der Weg, der von Haya
hinaufführte, welches ziemlich tief lag, war in der
That einer der zerrissensten, den wir bis jetzt zu
überwinden gehabt hatten

Wirklich brauchten wir von Haya zur Uebersteig-
gung dieses Passes fast einen ganzen Tag, da überall Blöcke aus dem Wege geräumt werden mussten, und Verhaue, die noch aus den Zeiten der
Kriege zwischen Gobesieh und Walde Jasus herrührten, hinwegzuräumen waren. Unter der Zeit
kamen auch die Sind-Horses und drei leichte Ca-
vallerie-Abtheilungen mit ihren unendlichen Ba-
gagen nachgerückt, so dass das Ganze von oben
gesehen, einer Ameisenstrasse glich, wenn sie in
Unordnung gerathen ist. Indess kamen wir ohne
Unfall herunter und campirten ziemlich weit vom
wahren Ufer des Sees beim Dorfe Ainemai, während die Cavallerie sich eines Marktes halber eine
Meile weiter westlich nach dem Dorfe Ad-
Aschangi verlegte, ohne indess grossen Nutzen
von dem gerade abgehaltenen Markte zu ziehen.

Abends spät kam dann noch aus dem Hauptquartier ein Offizier zu uns mit der Nachricht, dass Sir
Robert Antalo verlassen habe und ohne die Ebe-
nung des Weges über den Aladje-Pass abzuwarten,
denselben mit dem ganzen Hauptquartier überstiegen habe und sich in Attala befände. Selbst E-
lephanten waren über den rohen Weg mit leichter
Mühe hinweggekommen. Zugleich brachte er die
Nachricht, dass der General jetzt nicht mehr anhal-

ten würde, worauf denn sofort beschlossen wurde, am folgenden Tage weiterzurücken. Wahrscheinlich hatte Napier von London aus Ordre bekommen, die Expedition rascher zu betreiben, was ihn veranlasste, auf einmal so ganz mit seinen Grundsätzen, Alles mit der grössten Vorsicht zu betreiben, zu brechen. Oder hatte er eingesehen, dass man in Freundesland nicht so zu marschiren brauchte, wie in einem feindlichen, dass überhaupt die Regenzeit nahe bevorstand, und dass er, falls er nicht ein ganzes Jahr länger in Abessinien verweilen wollte, den Feldzug endlich mit Energie zu Ende zu bringen hatte. Andere wollten auch behaupten, man habe im Hauptquartier Nachricht aus Magdala erhalten, König Theodor habe sich dieses Ortes bemächtigt und er eile deshalb so rasch vorwärts. Aus alle dem ersah man indess, dass er aus einem Extrem ins andere verfiel: die Wege hätten längst gemacht sein können, einen ganzen Monat hatten wir unnütz auf den Orten von Antalo bis zum Aschangi verbracht, mit dem Befehle, nicht vorzurücken, während wir selbst, wenn Napier wie er beliebte, zurückzubleiben wünschte, in der Zeit mit leichter Mühe einen fahrbaren Weg bis Talanto durch eine Pionirforce von einigen hundert Mann hätten machen lassen können. Ueberhaupt hätte der General en chef längst einmal wenigstens von dem Zustand der Wege bei der Recognoscirungstruppe sich überzeugen müssen; bis zu dem Marsche über den Aladje-Pass hatte er nie einen Anblick von den Schwierigkeiten, welche zu überwinden waren, gehabt, eine Menge Truppen marschirten immer vor ihm, wie er denn im Anfange - und dies ist unerhört in allen Kriegsgeschichten - die Operationen von Indien aus leiten wollte und sogar Befehl gegeben hatte, vor seiner Ankunft die Hochlande[17] nicht zu betreten.

6. Letzter Marsch der englischen Armee durch die abessinischen Lande und Ankunft vor Magdala und der Armee des Königs

So wären aber unsere schönen Träume, einige Tage am Aschangi-See zu verweilen, der in der That mit seinen reizenden Ufern einladend genug war, zu Wasser geworden. Wir hatten davon gesprochen, da gar keine Schiffe oder Canoes oder hohle Baumstämme auf diesem jungfräulichen See sind, uns ein Floss zu machen, um so den See zu untersuchen, die Mittel, um ein Senkblei herzustellen, fehlten auch nicht, und die Fische, die hier zu fangen, die unzähligen Wasservögel, die zu schiessen waren, hatten auch ihr Verlockendes. Wir konnten uns jetzt nur damit trösten, dass die nachkommenden Truppen, von denen die Ingenieurs Pontons bei sich hatten, einen Aufenthalt benutzen würden, um die Tiefe dieses Beckens ohne Ausfluss zu sondieren und seine Grösse, die man indess fast mit den Augen abschätzen konnte, genau festzustellen.

Unsere Packthiere waren durch die Uebersteigung der wilden Gebirgsgegend von Haya bis Aenema,

10 Meilen, hart mitgenommen; dennoch hiess es am 17. März, das 81/2 Meilen entfernte Dorf Missagita zu erreichen, einen Ort, der eine Meile südlich von Ofela, welches ein grosser Ort am Südrande des Aschangi-Sees ist. Es war indess gut für uns, dass dieser Weg keine grosse Schwierigkeiten bot, wir hatten nur eine Art von Vorgebirge vom hohen Ofela-Berge zu übersteigen, welcher hier am Westrande des Sees steil nach dem Wasser abfällt, während sonst der See überall hin ziemlich weit flache Ufer hat.

Der Aschangi-See, dessen Ausfluss jetzt nach allen Seiten zu gehemmt ist, liegt 12deg.29'26" Breite, 89deg.8'28" östliche Länge v. Gr.[18] Sein Umfang beträgt circa 10 Meilen, während das eigentliche von Gebirgen nach allen Seiten umschlossene Becken den doppelten Umfang hat, der hauptsächlich dem Nordrande des Wassers zu Gute kommt. Von Norden ist dieser Kessel von dem fast 12,000' hohen Seringa-Berge geschlossen, von Westen vom Ofela-Berge, der nach Süden zu mit dem Umberit-Berge in Verbindung steht. Nach Osten und Süden zu ist ein Schluss durch weniger hohe Bergzüge. Die Masse des umgebenden Gesteins besteht zumeist aus vulkanischen Gebilden.

Die Berge sind alle bewaldet, und der vorwiegende Baum ist Wachholder, der den Bergzug vom Fusse bis zum Gipfel bedeckt. Das den See umgebende Flachland besteht aus dem schönsten schwarzen Humus, in dem wir um die Zeit von Mitte März reife Gerste fanden, die geschnitten wurde und durch Irrigation aus den zahlreichen nach dem See sich wendenden Quellen zur frühen

Reife war gebracht worden, sowie junges, eben aus der Erde sprossendes Korn. Das Klima, der Boden und die Nähe des Sees gestatten also Ernten zu allen Jahreszeiten. Ausser Taback und einer Erbsenart scheint sonst Nichts am Aschangi cultivirt zu werden.

Die Bevölkerung, die dicht gedrängt an den Bergen hinauf in kleinen Dörfern lebt, ist durchweg mohammedanischen Bekenntnisses, obgleich sie ihre Religion nicht eben streng zu beobachten scheint. Indess hörte ich, als wir in Ainemai lagerten, dass die Muden ins Gebet riefen. Sie sind offenbar vom selben Stamme, wie die übrigen Abessinier, sprechen indess unter sich einen Dialekt, Agau genannt, mit Fremden reden sie tigrisch und fast alle verstehen auch amharisch. Obgleich Mohammedaner leben sie indess in beständiger Feindschaft mit den Galla, die östlich und südlich von ihnen wohnen, und es gilt für ein grosses Verdienst, einen Galla umgebracht zu haben. Die Männer, welche sich einer solchen That rühmen können, haben als Auszeichnung einen silbernen Armring ums Handgelenk, der nicht rund ist, sondern eine keilförmige Gestalt hat. In der Regenzeit tragen die Männer hohe schwarze, aus Ziegenhaaren gewebte Mützen, während sie in den trockenen Monaten barhaupt gehen, den Kopf entweder rasiren oder auch vollkommen die schwarzen krausen Haare in kleinen Flechten über den Kopf legen. Alle tragen Hosen, und das grosse weisse Umschlagtuch ist wie bei den übrigen Abessiniern. Die Frauen sind ebenso schmutzig, wie ihre christlichen Schwestern und beschmieren ihre in unzählige Flächten gewundenen Haare mit einer ebenso grossen Masse von Butter, wie diese. Sehr viele haben enorme Ringe von Metall um die Vorderarme, die manchmal mehrere Pfund schwer sind. Der See selbst befindet sich 7264 Fuss über dem Meere, ob er früher einen Ausfluss gehabt hat oder noch nach S. oder O. zu sich ein solcher vorfindet, habe ich bei meinem kurzen Aufenthalte am A-schangi nicht ausfindig machen können, jedenfalls war aber wohl der Ausfluss entweder nach O. oder SO. Das Wasser des Sees hatte 12 Uhr M. am Ufer 24.8deg., die Luft im Schatten 18.6deg.. Wie die Religion auch hier besonders der Wasserscheide gefolgt ist, ist Alles an dem Ostabhage der grossen westlichen Gebirgskette vom Aschangi mohammedanisch. Das ganze Becken diese Sees zählte früher zum östlichen Wassersystem.

Wir hatten in Missagita keinen Aufenthalt, sondern brachen am folgenden Tage nach dem 81/2 Meilen von uns in SW.-Richtung liegenden Orte Lat auf. Der Weg war wieder äusserst anstrengend für die Packthiere und trotz der geringen Entfernung waren wir von Morgens 7 Uhr bis Nachmittags 4 Uhr unterwegs, da mehrere Stellen erst für Maulthiere passirbar gemacht werden mussten.

Trozdem stürzten einige und ich selbst verlor eins, jetzt schon das dritte in diesem Feldzuge. Der ganze Weg bestand in einem Auf- und Absteigen und als wir beim Adóko ankamen, hatten wir eine letzte, herrliche Aussicht auf den Aschangi-See, und konnten sehen, dass ein grosses Lager, das des Generals en chef, bei Ainemai, aufgeschlagen war. Nach Osten zu hatten wir den Blick aufs Agebo-

Thal, von unserem Thale dicht vor uns durch eine niedrigere von Dörfern gekrönte Hügelreihe getrennt, von denen eins Namens Aiallo-Tschalloma sich besonders durch Grösse auszeichnete. Einen der Umberit-Pässe, so hiess der Berg, der uns den ganzen Tag beschäftigte, fand ich zu 8943', gleich eine Stunde, später indess hatten wir einen anderen, einige 100 Fuss höher, zu überklettern; leider hatte ich da meinen Hypsometer nicht mehr zur Hand. Wir campirten in der lachenden hügeligen Hochebene von Lat, die wenn sie auch des Baumschmuckes entbehrte, welcher unser Auge, seit wir den Debar-Pass passirt hatten, entzückte, dafür uns durch die schönen Culturen entschädigte. Wir fanden bei den Chefs der verschiedenen Dörfer von Lat eine gute Aufnahme, der des Distriktes war indess abwesend bei Gobesieh, dem dies ganze Land vom Aschangi incl. an unterthänig ist, und sein ältester Sohn war direct nach Ainemai gegangen, um den General en chef zu begrüssen. Von hier an hört man nur noch die amharische Sprache, obgleich in Tracht, Sitten und Gestalt der Bewohner gar keine Veränderung wahrzunehmen ist. In Lat ist die ganze Bevölkerung wieder christlich.

Ich benutzte den folgenden Tag, der ein Rasttag war, den unsere Maulthiere nothwendig hatten, dazu, um einen Ausflug nach dem Dafat-Berge zu machen, der, auf unserem nächsten Wege nach Dilkit gelegen, in gerader SW.-Richtung circa 3 Meilen von unserem Lager entfernt war. Eine der höchsten Spitzen fand ich zu 9502', eine andere mochte 100' höher sein, der Pass etwa 800' tiefer.

Man hatte eine weite Aussicht auf dies durcheinander geworfene Land, von dem ein Abessinier sagte, dass Gott vergessen habe, es am sechsten Tage aus dem Chaos zu ziehen, und dass es so liegen geblieben sei. Auf dem Wege nach dem Dafat-Berge passirten wir zwei kleine Wasser, den Arakua, der gleich darauf in den von SW. kommenden Takaze fällt. Jedoch muss ich hier bemerken, dass dies nicht der grosse Takaze ist, sondern der sogenannte kleine, der nach einem viertägigen Lauf nach Norden in den Terare[19] geht, welcher dann selbst in den Takaze fällt. Auf dem Wege passirte man auch eine dem Mercur, der als grosser Heiliger in dem Kalender der Abessinier figurirt, geweihte Kirche, im Thale Uorra wal mercurio. Wir erhielten Nachricht an dem Tage, dass Sir Robert vom Aschangi am 20. aufbrechen würde, und beschlossen also, auch an diesem Tage weiter vorzudringen.

Der Weg über den Dafat-Pass war besser, als die früheren, wenn auch immer beschwerlich genug; wir gingen in gerader Süd-Richtung bis nach dem 7 Meilen entfernten Asme-Galla, einem tiefen Thale, das uns von dem hohen Sagalsaf trennte. Bevor wir uns von Lat, welches ein Ort und Distrikt ist, trennten, kam der stellvertretende Chef und brachte uns einige Geschenke, Milch, eine Ziege, Honig und andere Sachen, wofür er 10 Thaler erhielt, mehr als den fünffachen Werth; es war nur auf diese Weise möglich, indem rechts und links Geld ausgestreut wurde, das gute Einvernehmen mit den Bewohnern aufrecht zu erhalten. Dass manchmal unnütz Geld an Leute gegeben wurde, die es gar nicht verdienten, konnte nicht vermieden werden. Wir sahen auf dem Dafat-Berge eine grosse Heerde Affen von der Grösse eines Pavians mit langen weissen Mähnen und hundsähnlichem Kopfe. Als Diener hatten sie einen ganzen Trupp kleiner Affen, Meerkatzen, bei sich, wenigstens sagten unsere abessinischen Führer, dass dies ihre Sclaven seien. Sie machten die komischsten Geberden, als sie uns erblickten, indess behaupteten die Eingeborenen, es sei nicht gut, allein oder ohne Waffen zwischen sie zu gerathen. Asme-Galla liegt in einem wild durcheinander geworfenen Thale, es ist gut bewaldet, obgleich nicht dicht und an der Seite des Wachholders zeigt sich wieder der Oelbaum. Asme-Galla, ein nach SW. zu gehendes Thal und Ortschaft auf den südlich daneben ziehenden Hügeln, liegt 6899' über dem Meere, wir waren also noch nie so tief in den abessinischen Hochlanden gewesen. Am selben Tage erhielten wir vom Oberst des 3. leichten Cavallerie-Regimentes ein Schreiben, dass er in Lat zu unserer Unterstützung angekommen sei, auch theilte er uns mit, dass Sir Robert den festen Entschluss habe, vor Magdala bis Ende Monat März zu stehen, die letzten vier Märsche sollten ohne alle Bagage und forcirt gemacht werden. Trotzdem nun auch Befehl für uns zum Halten in Lat eingetroffen war, beschloss Phayre, doch bis Dildi vorzugehen, da einestheils wir jetzt schon in Asme-Galla waren, andererseits hier aber wegen Mangel an Proviant kein Bleiben für uns war.

Indess konnten wir keineswegs unser Vorhaben, nach Dildi hinzugehen, am folgenden Tage in einem Marsche ausführen, sondern mussten uns unserer Packthiere wegen damit begnügen, am folgenden Tage bis zum 7 Meilen entfernten Misserkita zu marschiren. In gerader Südrichtung[20] war dies vielleicht nur halb so viel, indess waren wir der Berge wegen gezwungen, bedeutende Umwege zu machen, und konnten trotzdem nicht vermeiden, manchmal über bedeutende Höhen zu steigen, so dicht vor Messerkita den Mobárbaria-Pass. Die Gegend war sehr coupirt und voll fliessender kleiner Bäche, die alle wie der Fessassi, an dem Asme-Galla liegt, und den wir noch ein Mal passirten, in den Tselari gehen. Auf halbem Wege passirten wir dann noch den Maimiddimba, von SO. kommend und dem gleichen Flusse zuströmend. Die Hauptbergmasse, die wir überstiegen, heisst Umbari und ist eine compacte Masse zwischen dem Dafat und Sogolsaf, indess niedriger als beide; so war unser Lager in Messerkita auch nur wenig höher als das frühere. Eine grosse Zahl von bunten und Singvögeln belebte diese von niedrigem Gebüsch und Oliven bewachsene Gegend, und wie am Aschangi-See bemerkte ich auch hier den kleinen grünen Papagei, der in hohlen Bäumen zu nisten schien, indess schien er keinen langen Schwanz zu haben, wie der an der Westküste Afrika's.

Der Djesmat Gobesieh sandte uns an diesem Tage einen Mann entgegen, um uns den besten Weg zu führen und um uns überall, wo wir campiren würden, mit einigen Lebensmitteln zu versehen.

Als wir am folgenden Tage nach einem Marsche von 8 Meilen in Dildi ankamen, fanden wir einen

Diener des Herrn Munzinger vor mit Briefen von Talanta. Derselbe schrieb uns, dass Theodor nahe bei Magdala sei und dass die Arme sich sehr beeilen müsse, falls sie die Gefangenen vor seiner Ankunft befreien wolle. Wir sandten sogleich einen Extracourier mit dem Briefe an Sir Robert. Aus den mündlichen Aussagen des Boten ging indess hervor, dass Theodor so gut wie in Magdala sei, dass er aus freien Stücken vorgezogen habe, ausserhalb der Feste zu campiren. Jedenfalls hatte er schon den Baschilo überschritten. Wir erfuhren auch, dass dem Gefangenen Rassam die Ketten abgenommen worden wären und dass der König geäussert habe, die Anderen gleich nach seiner Ankunft in Magdala zu entfesseln.

Der Weg hatte den ganzen Tag denselben Charakter, wie am vorherigen Tage bewahrt, ein ungemein coupirtes Hügelland von zahlreichen tiefschluchtigen Wasserbächen, die alle in den Terari gehen. Die Gegend war übrigens gut bevölkert und namentlich, als wir uns Dildi näherten, war fast jeder Hügel von kleinen Hütten gekrönt. Die zahlreichen Steinhaufen deuteten die vielen Kirchen an, denn in ganz Abessinien ist es Gebrauch, dort am Wege einen Steinhaufen zu errichten, wo sich eine Kirche in der Nähe befindet, damit der Wanderer auf solche aufmerksam gemacht werde. In der That braucht man sich bei einem solchen Steinhaufen am Wege nur umzusehen und wird bald irgendwo ein hohes Gebüsch, in dem eine Kirche versteckt liegt, entdecken. Wir trafen in Dildi einen Ingenieur-Offizier mit seinen Leuten vor, den wir vom Seranga am Aschangi aus detachirt hatten, um einen anderen Weg hierher, der weiter westlich lief, zu untersuchen; aber obgleich derselbe vor uns angekommen war, so stellte sich doch heraus, dass unser Weg, abgesehen davon, dass er besser war, wenn von Gutsein bei abessinischen Wegen überhaupt die Rede sein kann, kürzer gewesen. Wir campirten dicht beim Terari-Flusse, der etwas weiter, circa 12 Stunden SO. von hier, seinen Ursprung hat, durch die Zuflüsse von zahlreichen Bächen hier jedoch schon ganz bedeutend ist.

Es fielen übrigens am 22. März Nachmittags die ersten Regentropfen, Vorboten der nahen Regenzeit, welche sich überhaupt dadurch ankündigte, dass, sobald die Sonne mit ihren senkrechten Strahlen zu wirken anfing, eine Menge schöner Haufenwolken am Himmel entstand. Vorherrschender Wind war auch hier um diese Jahreszeit SO., welcher in der ganzen Nordäquatorialhälfte Afrikas der Vermittler für den Regen zu sein scheint. Uebrigens waren wir hier in der grossen Einsenkung vom Gebirgszuge südlich vom A-schangi bis zum Plateau von Uadela, die meist unter 7000' war, bedeutend wärmer, als nördlich vom Aschangi, und der geringe Unterschied von circa 1500' machte Einem glauben, dass man sich in einem ganz anderen Klima befände.

Wir befanden uns jetzt überdies in dem interessanten und urchristlichen Lande Bugana, welches mit seinen Wunderkirchen um Lalibala die ersten Portugiesen so in Erstaunen setzte; leider erlaubte uns die Zeit nicht, nach dem Orte Lalibala, so genannt nach seinem Gründer, einem der berühmtesten der alten abessinischen Könige, einen Abstecher zu machen. Lalibala war es, der zuerst das Gesetz einführte, dass der jedesmalige Abuna des Landes vom koptischen Patriarchen in Alexandrien ernannt werden sollte.

Unser Lager, wie gesagt, circa 150' über dem Terari gelegen, am Nordabhange der Taragana-Amba, welche 8073' über dem Meere ist, hatte selbst eine Höhe von 7005'. Die Taragana-Amba selbst liegt als vereinzelter Berg mitten in einem Dreieckskessel, welcher seinen spitzen Winkel nach SO. zu hat und vom hohen Sogolsaf ausläuft, die Hauptzuflüsse des Terari werden von hier aus gebildet. Die Gegend ist für Abessinien an dieser Stelle äusserst bevölkert; wenn man Taragana-Amba ersteigt, ist man von lauter kleinen Weilern umgeben, welche meist auf den Spitzen der kleineren Berge und auf scharfen Abhängen erbaut sind. Dicht bei unserem Lagerplatze befindet sich eine dem Salvator oder, wie man in der Landessprache sagt, dem Medane Allen gewidmete Kirche, wie immer von Oliven und Kolkolbäumen umgeben; sie ist erst kürzlich vom Vetter des Prinzen von Lasta, welcher Dedjadj-Meschescha heisst, neu aufgebaut worden.

Wir blieben bis zum 25. März in Dildi, da es nothwendig geworden war, dass Phayre wegen des weiteren Vorrückens der Armee eine Zusammenkunft mit dem General en chef hatte. Theilweise um die Wege nach Süden zu zu recognosciren, theilweise, um den interessanten Abu-Heimeda- Berg zu besteigen, machte ich verschiedene Ausflüge. Leider erlaubte mir indess die Entfernung nicht, den Abu-Heimeda zu erklimmen, der, von sonderbarster Gestalt, Knotenpunkt und Quellenursprung des Terari und Takaze zu gleicher Zeit ist.

Indess erstieg ich die beiden Pässe, die vom Terari-Thal ins Takaze-Thal führen, und von denen ersteres in von Dildi S. z. O.-Richtung immer den Terari hinauffolgend uns auf die bedeutende Passhöhe von 10660' brachte. Von hier aus hatte man eine herrliche Aussicht das Mudja-Thal nach Westen hinunter, welches sich ins Takaze-Thal, letzteres nach SW. zu laufend, ergoss. Darüber hinaus erblickte man die Uadela-Hochebene, und im Osten derselben den District Nefai mit dem Kosso-Amba-Berge; wir gingen durch den Pass hindurch und längs einer Berggräte kamen wir durch den Uondatj-Bir-Pass, der circa 60' niedriger ist, wieder zum Lager zurück. Der erste Pass hat speciell den Namen Emano-Amba-Pass, und von Norden gelangt man zu ihm durch den Uofdjatj-District von Dildi aus; der zweite, durch den wir zurückkehrten, hat den Namen Uondatj-Pass und führt ebenfalls durch Uofdjatj hinauf. Beide Pässe münden in das Mudja-Thal, welches dann, wie gesagt, in den Takaze geht. Es war natürlich ein schweres Stück für die Armee, diesen Pass zu überwinden, da das Lager von Taragana fast 4000' tiefer auf nur 7 Meilen Entfernung war. Zu unserem Erstaunen fanden wir Sir Robert am 24. März, gerade als wir die Pässe erforscht hatten, schon in Taragana angekommen und mit ihm der ganze Schwarm von dem Stabe; die Ankunft der Truppen, der Transportthiere, Maulthiere mit Kanonen, gab, bis Alles im engen Thale placirt war, zu grossen Wirren Anlass. Unglücklicherweise brach Abends 7 Uhr ein starkes Gewitter aus, welches die Lage der eben Angekommenen und noch immer Zuströmenden keineswegs beneidenswerth machte. Die Unordnung dauerte bis 10 Uhr Abends. Die eigentlichen Truppen waren übrigens noch nicht angekommen, der General en chef war bloss von einiger Cavallerie, einer Bergbatterie und einigen Pionieren begleitet, dennoch mochte das Ganze einen Tross von 5000 Köpfen, gering gerechnet, betragen. Wir bekamen nun Ordre, am folgenden Tage aufzubrechen, und wählten dazu die Westroute über den Uondatj-Pass, nicht wegen der sehr wenig unbedeutenderen Höhe des Passes, als wegen der Kürze, welche bis zum Pass und zum Lagerplatze 71/2 Meilen betrug. Trotz der beträchtlichen Höhe kamen wir gut hinauf, und konnten uns noch an der herrlichen Aussicht auf Israel-Amba in 20 Meilen in Nord und Abuna-Jussuf-Amba in gleicher Richtung auf circa 15 Meilen Distanz erfreuen. Wir hatten übrigens einen sehr kalten Lagerplatz, denn wir campirten höchstens 1/2 Meile entfernt und circa 100' tiefer als der Pass. Um 3 Uhr Nachmittags merkte das Thermometer bloss 9,5deg. Cels., während es sonst bei circa 6-7000' Höhe um gleiche Zeit bis 24deg. zu steigen pflegte. Im Takaze-Thal war um die Zeit ein heftiges Gewitter und auch im Norden schien es zu regnen; wir waren somit in der eigentlichen Regenzeit. Indess durften wir hoffen, von anhaltenderen Schauern noch für einen Monat verschont zu sein, es war dies eben die Neumondsperiode, die eigentliche Regenzeit durfte erst dann eintreten, wenn die Sonnenstrahlen senkrecht fielen. Auf dem Hinwege begegnete uns auch das Söhnlein des Chefs Meschescha, der kam, um Sir Robert zu besuchen. Unter diesen Umständen, der ganze Himmel war von Wolken umzogen, war es auch unmöglich, den Abu-Heimeda zu ersteigen und den im SO. von ihm liegenden Serrageddel, beide aber ragten noch so hoch über unsere Pässe hinauf, dass man ihre Höhe gut zu 13,000' annehmen kann.

Wir waren übrigens kaum gelagert, als das entsetzlichste Gewitter über uns ausbrach, so dass wir kaum Zeit hatten, unsere Zelte aufzuschlagen, und da der Regen die ganze Nacht hindurch anhielt, so war dies keineswegs angenehm bei der bedeutenden Höhe, auf der wir lagerten; indess hatten wir am anderen Morgen Sonne und brachen früh auf, um das im Takaze-Thal liegende Gavemeda, welches 13 Meilen in gerader S.-Richtung von uns entfernt war, zu erreichen. Wir kamen auch ohne viele Hindernisse an, da der Weg ziemlich gut und der Abfall sanft war, aber die unnöthige Zeit, die wir mit Frühstücken verbrachten, während dessen die Leute und beladenen Thiere hungrig warten mussten, machte, dass wir den Takaze erst um 2 Uhr Nachmittags erreichten, wo gewöhnlich in den Tropen die Gewitter beginnen. Statt nun gleich zu lagern, wurde erst ein passender Platz gesucht, was wieder Zeit und Entfernung in Anspruch nahm, so dass, als wir um 4 Uhr auf einem freilich recht guten Platz lagerten, Leute und Boden durchnass waren. Dergleichen wenig Rücksicht für die Leute würde man bei französischen oder deutschen Offizieren nicht finden, freilich hatten wir auch nur indische Soldaten bei uns, auf welche die Engländer eben nicht zu viel Theilnahme ausdehnten. Ich konnte leider keine Höhenbeobachtungen hier anstellen, da der Hypsometer, den Markham mir freundlichst geliehen hatte, zurückverlangt war, indem seine eigenen beiden gesprungen waren, mein eigener war ebenfalls gesprungen und meine beiden Aneroids ausser Dienst.

Was bei uns im Thale Regen gewesen, war oben auf den Bergen Schnee, am anderen Morgen sahen wir das ganze rechte Takaze-Ufer, d. h. die hohen Amben desselben weiss. Es wurden hier im Lager von Gavemeda nun noch manche überflüssige Dinge zurückgelassen und dann der Aufmarsch aufs linke steile Ufer, welches circa 3000' höher als unser Lagerplatz sein konnte, begonnen. Da manche Stellen ganz unpassirbar waren, andererseits der Chef der Recognoscirungspartei Oberst Phayre manche zeitraubende Arbeiten machen liess, indem er den Weg breiter machen oder Steine wegräumen liess, die *unsere* Maulthiere wenigstens ganz gut hätten passiren können, so kamen wir erst um 2 Uhr Nachmittags in Sentara, auf dem Plateau eine Meile südlich vom linken Takaze-Ufer entfernt, an. Der Takaze empfängt hier von Süden bloss diesen Zufluss, indem sein hohes Ufer selbst die Wasserscheide nach dem Djidda-Flusse zu ist. An einem solchen kleinen nach S., dann nach WSW. strömenden, vom rechten Takaze-Ufer entspringenden Flüsschen, das selbst in den Takaze wieder einbiegt, liegt Sentara, wo wir lagerten.

Wir waren kaum installirt, als ein Diener Munzinger's von Kosso-Amba kam, wo Meschescha mit seiner Armee gelagert war, der ihn zu uns abgesandt hatte. Derselbe sagte aus, dass Munzinger das Lager vor zwei Tagen verlassen habe, um die Wege nach Bit-Hor hin zu untersuchen und bis zu dem Tage (27. März) nicht zurückgekehrt sei und auch keine Nachricht von sich gegeben habe. Zugleich benachrichtigte er uns von einer rückgängigen Bewegung Theodor's, der in Magdala gewesen sei und dann nach dem Baschilo zurückgekommen wäre. Natürlich beunruhigten uns diese Neuigkeiten sehr; Munzinger konnte möglicherweise in die Hände Theodor's gefallen sein, und da durfte man von diesem blutdürstigen und rachelustigen Menschen Alles befürchten. Ja, die Engländer mussten in einem solchen Falle sich selbst gestehen, dass Theodor gewissermassen in seinem Rechte gewesen wäre, Munzinger zu tödten; war er es nicht gewesen, der die feindliche englische Armee ins Land geführt; war er es nicht, der mehr als jeder Andere den Engländern Auskunft über Abessinien und Theodor gegeben hatte. Wie würden die Engländer, wenn eine feindliche Armee ihr Land heimgesucht hätte, einen solchen Mann behandelt haben.

So nahe bei Theodor und gar nicht sicher vor einem jener raschen Ueberfälle, welche er so oft in der ersten Zeit seiner Regierung machte und die ihm damals ganz Abessinien unterwarfen, schickten wir noch selben Abend nach Gavemeda um Verstärkung, denn Sir Robert musste dort angekommen sein; es wurde aber zu spät, die Truppen konnten im Dunkeln das steile Ufer des Takaze nicht heraufkommen. Selbe Nacht hielten wir indess gute Wache, freilich bei der schneidenden Kälte für die Soldaten nicht beneidenswerth, da sie nicht einmal Feuer machen durften.

Andern Tags war Sir Robert mit dem Gros der Armee oben und wir hatten nun ein imposantes Lager, welches um so grösser aussah wegen der unzähligen Maulthiere. Die Ruhe kam uns gut zu Statten, obgleich das Leben mit dem Gros der Armee keineswegs so angenehm war. Allein die entsetzliche Confusion machte, dass, als ich eines Tags mit der Recognoscirungspartie fort war, meine Diener meine beiden eigenen Maulthiere laufen liessen und mich so wegen Fortschaffung meines Gepäckes in die grösste Verlegenheit setzten. Der Transportcommandant hatte sie dann durch seine Leute aufgreifen lassen und sofort einregistrirt, ohne sich zu erkundigen, ob es Privateigenthum sei, und ich hatte Schwierigkeit, sie später wiederzubekommen.

Die Vermuthungen über Munzinger's Verschwinden bestätigten sich indess glücklicherweise nicht. Am 29. kam der Prinz Meschescha von Lasta mit grossem Pomp ins Lager, um Sir Robert einen Besuch zu machen, und in seinem Gefolge befand sich Consul Munzinger. Meschescha, dessen Oheim mütterlicher Seite Gobesieh ist, welcher jetzt ganz Wag beherrscht, Begemmder unterworfen hat und augenblicklich im Krieg um Godjam mit Tisso-Gobesieh ist, ist der angestammte Herrscher von Lasta, mit Ausnahme des Districtes vom Aschangi-See, der unmittelbar unter dem Prinzen

Gobesieh steht. Während dieser nämlich in den letzten Jahren von Lasta aus seine Eroberungszüge begann, unterstützten die Bewohner der Aschangi-Ufer ihn so kräftig, dass er sie zu einem eigenen Districte erhob und sie nun ihre Abgaben direct an den Beherrscher Wags entrichten.

Meschescha hatte eine Menge Cavallerie bei sich, von denen indess nur einige Wenige mit Dochtflinten bewaffnet waren, die Meisten hatten einen Spiess, Schild und ein langes etwas gekrümmtes Schwert, Viele ritten Maulthiere, die Mehrzahl jedoch kleine feurige Pferde. Man schickte ihm eine Ehrenwache von 25 Reitern und liess, als er das Zelt Sir Robert's betrat, eine Compagnie englischer Soldaten in Front aufmarschiren, mit der Musikbande an der Spitze. Die rothe Uniform schien den Leuten sehr zu imponiren, sie nannten sie die "blutgetränkte". Meschescha erhielt ein Pferd, eine Doppelflinte, einige Flaschen mit Pulver und kleine Teppiche zum Geschenk, während er selbst als Gegengabe seinen Leuten befahl, uns Mehl, Getreide und Rindvieh zu liefern. Die Unterredung mit Sir Robert dauerte nur kurze Zeit. Selbe Nacht fielen auch die ersten Schüsse, indem Eingeborene, wahrscheinlich Spione Theodor's, zu nahe an unsere Piquets kamen und beim Anrufen nicht antworteten; ob Jemand verwundet wurde, konnte nicht ermittelt werden.

Ganz eigenthümlich fielen uns die Steine südlich von Sentara auf. Schwarz und glänzend von Farbe, in mächtigen Schichten zwischen Thonschiefer eingeschaltet, versuchten wir, sie zu brennen, aber kein Versuch, brennbares Material daraus zu zie-

136

hen, gelang; was indess dies Gestein sein konnte, von dem ich Proben mitnahm, soviel stand fest, dass es keine Lava war, wie Herr Markham meinte.

Nachdem wir dann noch am folgenden Tage eine Recognoscirung bis an den Thalet-Fluss, welcher der Djidda tributär ist, gemacht, also in Einem Tage hin und zurück 40 Meilen zurückgelegt hatten, brachen wir am 31. früh nach dem 11 Meilen SW. entfernten Platze Gosa auf, nachdem vorher in Sentara noch Abends General Sir Charles Staveley mit der 2. Brigade und den Elephanten eingetroffen war. Die Gegend war wie immer hügelig gewellt und zwischen 9-10,000' hoch. Spärlich von Vegetation, erinnerte zu dieser Jahreszeit das verwelkte Gras sehr an die von Gletschern verwitterten Sennen der Hochalpen. Indess ist der Boden überall gut und culturfähig. und selbst Baumwuchs würde überall fortkommen, wenn die Eingeborenen Lust hätten, solchen anpflanzen zu wollen. Das Fortkommen des Kosso-Baumes, welchen man hier die Kirchen beschatten sieht, bezeugt hinlänglich, dass das Terrain keineswegs zu hoch ist für Baumwuchs. Sehr auffallend war die enorme Anzahl von Mäusen, welche in förmlichen Städten unter der Erde bei einander wohnten und nach allen Richtungen hin das Erdreich unterwühlt hatten. In einer so weit vorgerückten Jahreszeit, wo die Sonne in dieser Breite schon beinahe im Zenith stand, war natürlich von grosser Kälte keine Rede mehr, aber auch die mittägliche Hitze wurde merkwürdig gemildert durch die absolute Höhe über dem Meere. Die Winde bliesen mit der con-

constanten Regelmässigkeit aus SO. und erreichten selten Vormittags die Stärke von 2deg., 5deg. als Maximum angenommen. Der Himmel war von 8 Uhr Morgens bis Sonnenuntergang mit den schönsten Haufenwolken bedeckt, Nachts jedoch mit vollkommener Windstille fast immer rein.

Wie in ganz Nord- und Centralafrika, so bemerkte ich auch hier das Gesetz, dass die Geringfügigkeit der barometrischen Schwankungen im umgekehrten Verhältniss zu den grossen Bewegungen des Hygrometers steht. Während nämlich das Barometer mit grösster Regelmässigkeit zu den bekannten Zeiten ganz kleine Schwankungen zeigt, durchläuft die Nadel des Hygrometers einen Kreis von 50-60deg. und mit weit grösserer Unregelmässigkeit.

Der Marsch von hier bis Abdicum, obgleich 16 Meilen, wurde in einem Tage gemacht, obschon für eine von vielem Gepäck und Lastthieren begleitete Armee eine solche Länge in coupirten Ländern fast zu gross ist. Bis an den Thalet ist von Gosa aus 10 Meilen. Dieser Fluss ist ziemlich bedeutend und hat immer fliessendes Wasser, grosse Compagnien von Gänsen und Enten bedecken ihn, und unser Anführer brachte eine Stunde mit Jagd auf diese Wasservögel zu, währenddessen die ganze Abtheilung halten musste und die Packthiere alle gepackt in der Sonne standen. Würde in Deutschland oder in Frankreich der Chef einer militärischen Colonne es wagen dürfen, bloss seines Privatvergnügens wegen stundenlang einen ganzen Truppenkörper am Wege halten zu lassen? Das passirte aber fast alle Tage, ich erwähne nur, dass die uns begleitenden Truppen tagtäglich stundenlang am Wege halten mussten, die Maulthiere alle mit ihrer Ladung auf dem Rücken, indess wir unsere Mahlzeit hielten. Man dachte nicht daran, die Leute unter der Zeit auch frühstücken zu lassen; der Soldat ist in den Augen eines englischen Offiziers nicht eine belebte Maschine, sondern ein Sclav. Ich glaube nun zwar, dass man diese Rücksichtslosigkeit bloss gegen die indischen Soldaten an den Tag legt, wir, mit der Recognoscirungspartei, waren nie von englischen Soldaten begleitet. Die Armee unter Sir Robert kam erst später in Abdicum an.

Statt der Armee Ruhe zu gönnen, marschirte man am folgenden Morgen nach dem bloss 2 Meilen SW. entfernten Sindi. Warum das? das konnte Niemand sagen. Der Lagerplatz in Abdicum war ausgezeichnet, hinlänglich Wasser für die ganze Armee, Nichts fehlte., und um einen Marsch von bloss 2 Meilen zu machen, musste Alles aufgestört werden.

Wir recognoscirten von hier nach Bit-Hor, einem von Theodor zerstörten Orte an dem Djidda-Flusse. Von hier an kamen wir überhaupt in die Gegend, wo Alles die Spuren von Brand, Plünderung und Verwüstung an sich trug. Während wir bis jetzt durch Gegenden gezogen, die, wenn sie sich auch nicht, wie früher, durch reiche und wechselnde Naturschönheit auszeichneten, doch von zahlreichen Weilern, grossen Rinderheerden und Schafgezüchten mit schöner schwarzer Wolle bedeckt waren und überall Cultur zeigten, fanden wir jetzt nur noch niedergebrannte Orte, unbestellt liegen gebliebene Aecker, keine lebende Seele und keine Viehheerden; kaum dass hie und da ein hungriger Schakal durch die schwarzverbrannten Mimosenbüsche schlüpfte oder ein Rabe krächzend über die von Hyänen abgenagten Knochen der Thiere schwebte, welche der Hunger in Theodor's Armee getödtet hatte.

Am Djidda angekommen, sahen wir mit Staunen die senkrechten schwarzen Basaltwände, welche den oberen Rand bilden; aber eine merkwürdige Täuschung kam hier vor: alle Welt behauptete, den Djidda zu durchkreuzen sei nicht weiter, als 3 englische Meilen; als wir indess den tiefen Ravin zu durchschneiden hatten, ergab sich die Distanz viel grösser.

Wieder ins Lager gekommen, hatten wir noch einmal den Besuch von Meschescha, und bei seinem Weggange - er hatte wieder ein ebenso zahlreiches Gefolge bei sich, wie das erste Mal - ereignete es sich, dass einer seiner Leute todtgeschossen und ein Anderer tödtlich verwundet wurde. Als er nämlich von Sindi aus nach seinem Burgplatze Kosso-Amba zurückkehren wollte, musste er bei den Piquets der 2. Brigade vorbei, die dicht beim Gros der Armee gelagert war, aber keine Nachricht vom Besuche Meschescha's hatte. Als die Wachen nun die in vollem Galopp heransprengenden Leute auf sich zukommen sahen, glaubten sie Leute Theodor's vor sich zu haben und gaben Feuer. Dies Missverständniss änderte indess Nichts in den freundlichen Beziehungen der Engländer zum Prinzen von Lasta und um seinem Volke zu zeigen, dass er keineswegs der englischen Armee deshalb grolle, kam Meschescha einen dritten Besuch machen, während das englische Obercommando das Blutgeld von 280 M.-Th.Thaler pro Kopf zahlte. Ein Mord oder unfreiwilliger Todtschlag kann nämlich in Abessinien, wie in den meisten Negerländern Afrikas, mit Geld gesühnt werden, was je nach den verschiedenen Ländern oder Provinzen viel oder wenig ist. Im Nichtbezahlungsfalle verfällt der Schuldner der Rache der Verwandten. Der Thäter hat indess das Recht, sich das Geld zusammenzubetteln, und trägt, bis er die Schuld gesühnt hat, einen Strick um den Hals oder um den Arm, als Zeichen, dass er nicht sein eigner Herr ist. In diesem Falle hatten sicher die Eingeborenen den Preis erhöht, da die Engländer ja, wie sie sich ausdrückten, Alles bezahlten, was man forderte.

Obgleich für die Armee Befehl zum Halten gegeben war, so brachen wir doch nach dem 5 Meilen entfernten, SW. nahe an der Djidda gelegenen Bit-Hor auf. Diesmal hatten wir nicht bloss unsere Reiterei, sondern ein ganzes Regiment Infanterie mit uns, und Abends wurde uns noch eine Batterie und zwei Compagnien von einem englischen Regimente zur Verstärkung geschickt. Nachmittags kamen nämlich Briefe von Rassam aus Magdala, wir sollten auf unserer Hut sein, Theodor beabsichtige einen Ueberfall und wahrscheinlich einen nächtlichen. Von ihm, seiner Armee und Magdala trennten uns jetzt nur noch die 10 Meilen breite Talanta-Ebene und dann die zwar sehr tiefen, steilen und breiten Thäler des Djidda und Baschlo. Ersteren recognoscirten wir noch am selben Tage bis an sein Bett und da stellte es sich heraus, dass von unserem Lager von Bit-Hor bis ans Flussbett allein schon 5 Meilen waren.

Wir hatten also nur noch das Djidda-Thal zu durchkreuzen, und rückten deshalb am anderen Morgen so früh wie möglich fort; aber die Schwierigkeiten waren bedeutend grösser, als wir uns vorgestellt hatten. Der von Theodor für seine Kanonen angelegte Weg war so gegen alle Regeln der Kunst gemacht, so steil und abschüssig, hatte ausserdem so von Regen gelitten, dass wir 21/2 Stunde nöthig hatten, um das 3000' tiefe Bett zu erreichen. Der Djidda Ravin, wie man es irrig genannt hat, ist ein breites und ungewöhnlich tiefes Thal von NO. kommend und in WSW.-Richtung, vereint mit dem Baschlo, dem Abai zufliessend. Das Bett selbst, nur 5600' über dem Meere, während das rechte Talanta-Ufer an der Uebergangsstelle circa 9000' hat, zeigt bedeutende Verschiedenheit in der Construction der Steine. In der That bestehen die oberen Ränder aus Basalt, dann findet man harten Kalkstein, Granitschichten, Sandstein, welche herrliche Agathe und Jaspis einschliessen. Während die oberen Ränder steil sind, sind die zwei unteren Drittel hügelig und abschüssig; die Hauptvegetation besteht aus Mimosen und dem Kolkolbaum, im Bette selbst trifft man riesige Feigenbäume. Wir hielten hier hinlänglich lange, um unsere Leute und Bagage nachkommen zu lassen, und begannen dann den Aufmarsch. Aber der Weg das linke Ufer hinauf war noch schwieriger und steiler; um 3 Uhr Nachmittags hatten wir die Hochebene von Tilanta erreicht, freilich nur mit 15

Reitern, die fähig gewesen waren, uns zu folgen. Bis gegen 6 Uhr war endlich unsere Bagage und die Bedeckungsmannschaft sammt der Batterie oben. Zugleich mit ihnen kam auch Sir Robert und brachte noch Mannschaft mit, er hatte nicht zurückbleiben wollen. Der Zuzug der Armee dauerte indess die ganze Nacht hindurch fort, denn von Sindi bis nach Tech-Reina auf Talanta, d. h. einem kleinen Wasserfaden, der in den Baschlo geht und an dem wir gelagert waren, sind fast 18 englische Meilen.

Wir waren übrigens gezwungen, mehrere Tage dort liegen zu bleiben, aus Mangel an Proviant, die nächste Umgegend war ganz und gar von Theodor verwüstet und ohne lebende Seele, und unsere Zuzüge waren von Walde Jasus, dem Meister von Amba-Aladje, und zwar von Uadjerat aufgehalten worden. Es war ein grosser Fehler des englischen Generals, dass dieser zweideutige Mann, der, auf seine Burgen von Aladje und Bit-Mara trotzend, weder Kassa von Tigre noch Gobesieh von Wag unterthan war, nicht unschädlich gemacht worden war. Herr von Amba-Aladje, war er Herr des einzigen Weges, auf dem die Engländer ihren Proviant bekommen konnten.

Vom Rande des Baschlo, der ganz in unseren Händen war, konnte man übrigens ganz deutlich Magdala, Islamge, Selassie, Tanta und alle Punkte, selbst das Lager Theodor's übersehen; man erwartete nur mit Ungeduld, anzugreifen Die Regenzeit, die mit Heftigkeit sich jetzt manifestirte, vermehrte die Ungeduld, und es ist ein wahres Wunder und spricht am besten für die Güte des Klima's von

Abessinien, dass bei der mangelhaften Verpflegung so wenig Kranke vorkamen. Denn jetzt, wo es am nothwendigsten gewesen wäre, wurde weder Rum noch Thee und Zucker verabfolgt, die Rationen von Mehl waren auf 8 Unzen pro Mann und Tag vermindert, Fleisch dagegen auf 2 Pfund erhöht.

7. Gefecht von Aroge, Auslieferung der Gefangenen, Erstürmung Magdalas und Tod Theodors

Bis zum 10. blieben wir oben auf dem Rande des Baschlo, ein letztes Schreiben kam, das glücklich von Magdala durchgeschmuggelt war, und auch Napier hatte noch einmal eine Sommation an Theodor ergehen lassen, die, wenn ihr der mit Blindheit geschlagene König Folge geleistet, d. h. die Gefangenen heraus gegeben hätte, vielleicht eine ganz andere Wendung der Dinge bewirkt haben würde. Denn noch immer war die schwierige Baschlo-Passage zu bewerkstelligen und Magdala beinahe 20 Meilen entfernt; wie stark es war und was für Vertheidigungsmittel es besass, wusste Niemand mit Sicherheit anzugeben. Da aber am 9. Abends keine Antwort von Theodor eingetroffen war und die ganze operirende Force, inclusive der vier grossen Armstrong-Kanonen, der von Elephanten transportirten Mörser, am Rande des Baschlo angekommen war, so wurde noch am selben Abend ein Bataillon Pioniere ins Flussbett selbst hinuntergeschickt; und damit diese Truppen durch ein steiles, mehrere tausend Fuss hohes Ufer nicht ausser Verbindung mit uns gelassen wurden, stellte man vorsichtshalber einen Telegraphen her, indem die Zeichen mit Schwenken einer schwarzen Fahne gemacht wurden. In der Nacht hatten wir auch noch zwei Ueberläufer von Theodor's Soldaten, die uns berichteten, dass grosse Noth an Lebensmitteln in dem Orte sei.

Sehr früh am 10. brachen wir dann auf und begannen den Marsch in den Baschlo hinab; ein Bataillon Pioniere, die Naval-Brigade, eine Feldbatterie, waren mit uns die Ersten und die Brigade unter General Sir Charles Staveley folgte auf dem Fusse nach. Oberst Phayre, welcher der Held des Tages, d. h. die Veranlassung zum Gefechte von Aroge werden sollte, beurlaubte sich von Sir Charles, indem er mit kurzen Worten ihm sagte, dass er nach Westen herum bis unter Magdala recognosciren würde. Der Marsch hinab wurde rasch bewerkstelligt, d. h. nach zwei Stunden waren wir unten, und ohne Aufenthalt ging es nun weiter direct das Thal hinauf, welches in gerader Südrichtung von Magdala in den Baschlo einmündet und ca. 10 Meilen lang sein mag. Aber so gerade darauf loszugehen, wäre zu gewagt gewesen, überdies war die Ordre des Generals en chef, auf den anderen Bergen nördlich von Magdala Position zu nehmen, ohne an dem Tage selbst die Armee vordringen zu lassen. Zu dem Ende recognoscirte Phayre die westlichen Berge, von einiger Cavallerie unter Oberst Locke und einigen Pionieren gefolgt; auch wollte er ausmitteln, ob kein Hinterhalt irgendwo gelegt und ob irgendwo hinlänglich Wasser sei, um die Armee lagern zu können. Aber wir fanden weder das eine, noch das andere, nur rauchende, eben erst von Theodor zerstörte Dörfer bekamen wir zu Gesicht. Endlich gegen Mittag fanden wir eine kleine Quelle, keineswegs indess gross genug, um Truppen daran lagern zu können, jedoch hinlänglich mit Wasser versehen, um unsern Durst löschen und unsere erschöpften Pferde abtränken zu können. Ja, ich benutzte den Augenblick schnell dazu, um Kaffee zu kochen, den mein Pferdewärter trug, und um ein Stück Brod zu essen; unterdessen eilte aber der rastlose Phayre schon wieder weiter und bald verloren wir ihn aus dem Gesicht. Da indess sein Adjutant und sein eigenes Reitpferd eine halbe Stunde von da hielten, so blieb ich dort, in der Meinung, Phayre würde dorthin zurückkommen. Aber als er bis 2 Uhr Nachmittags nicht eintraf, brachen wir auf nach der Richtung, die er mit der Abtheilung des 3. leichten Cavallerieregiments eingeschlagen hatte, und nach einer Stunde fanden wir uns fast westlich von Selasse, dem nördlichsten Theile der Festung Magdala. Unter der Zeit waren aber auch die Truppen nachgekommen, ein Theil hatte denselben Weg eingeschlagen, den wir genommen hatten, während die Hauptforce unter Sir Charles Staveley das Hauptthal heraufgekommen war. Der General selbst war auch schon an Ort und Stelle. Aber wo war Phayre? Dort unten, antwortete man mir auf meine Frage, und ich sah nun, dass er, ganz allein von einigen Reitern des 3. Regiments gefolgt, auf dem Plateau unterhalb Fala und Selasse herumplänkelte, um zu recognosciren; er war im Bereich der Flintenkugeln des Feindes, denn die Kanonenkugeln von Fala reichten bis an den Ort, wo wir standen. Vom Feinde aber sah und hörte man noch Nichts.

Zum besseren Verständniss des Folgenden führe ich hierbei an, dass Magdala in drei Amben oder Königsteine zerfällt; der nördlichste von diesen ist Selasse, von einem hohen andern königsteinartigen Felsen überragt. Südöstlich von Selasse, durch einen Sattel damit verbunden, der Salamge heisst, liegt das eigentliche Magdala. Auf Salamge befand sich das Hauptlager des Königs Theodor, während das seines obersten Chefs der Armee, eines gewissen Fittorari, sich auf dem Plateau von Selasse befand. Von Salamge, welches selbst nur ein Sattel war, läuft ein anderer Sattel nach Westen zu aus, um eine natürliche Verbindung mit der Amba Fala zu vermitteln. Dieser waren wir also am nächsten, und gerade diese war es, auf welche Theodor seine grossen Kanonen gestellt hatte.

Es war 4 Uhr Nachmittags geworden und auch Sir Robert, sonst nie an der Spitze der Armee, war eingetroffen, während Phayre noch immer im Dreieck zwischen Selasse und Fala sich zu thun machte. Aber Theodor hatte uns auch ankommen sehen, man sah deutlich Leute auf dem Plateau von Fala sich bewegen, und da Phayre dies, weil er zu dicht am Fusse des Berges stand, nicht sehen könnte, machte ihm Theodor durch einen Kanonenschuss, dessen Kugel indess weit über die wenigen Reiter hinwegsauste, bemerklich, dass er eine solche Kühnheit nicht dulden wurde. - Der erste Schuss war also gefallen, es war 41/4 Uhr

Nachmittags. Auch Sir Robert erwachte nun, aber nur, um Phayre zuerst einen Verweis zu geben, dass er gegen seine Ordre gehandelt habe, indem es gar nicht die Absicht gewesen sei, so weit an dem Tage die Armee vorzuschieben. Dem sich zurückziehenden Phayre folgten aber nun die Soldaten Theodor's auf dem Fusse nach; wie ein Ameisenschwarm ergossen sie sich von Fala und so von Muth begeistert waren sie, (glaubten sie doch, nur eine Handvoll Soldaten vor sich zu haben) dass es keine 10 Minuten dauerte, bis sie auf dem Dreieck waren, das Phayre mit seinen wenigen Reitern soeben verlassen hatte.

Die ganze Brigade unter General Staveley war indess zur Hand und die Infanterie wurde beordert, vorzugehen, zugleich stellte man die Raketenbatterie der Naval-Brigade da auf, wo wir noch immer Posto hielten und sich auch Sir Robert und einige Wenige vom Stabe, die mit ihm waren, befanden. Theodor schoss indess ununterbrochen aus seinem groben Geschütz und einige Schüsse waren gar nicht übel gezielt, indem eine Kugel nur einige Schritte vom Generalstabe einschlug, einige andere dicht bei den Colonnen der sich formirenden englischen Truppen. Die ersten derselben, als Tirailleurs aufgelöst, hatten indess bald die wild und unordentlich anstürmenden Abessinier zum Stehen gebracht und die Feuer und Flammen speiende Raketenbatterie bewirkte Schrecken und Angst unter den feindlichen Truppen, die ein derartiges Feuern nie gesehen hatten. Vom Stillstande kam es bald zur Flucht. Und einer starken Abtheilung, die von Fala herab einer Schlucht längs Selasse fol-

gend, auf unsere Bagage und Arrieregarde oper-
iren wollte, ging es noch schlechter; von einer
Bergbatterie und einem Infanterieregimente abge-
schnitten, statt abzuschneiden, gerieth sie in ein
mörderisches Kartätschenfeuer, und was nicht er-
schossen wurde, musste in der Flucht sein Heil
suchen: von der ganzen Abtheilung konnte Niemand nach Fala zurückkehren. Das Hauptgefecht
hatte indess seinen regelmässigen Verlauf genommen, trotz des in Strömen herabkommenden
Regens, der gleich unter heftigem Donner und
Blitz während des Gefechtes wüthete. Theodor's
Kanonenfeuer von Fala wurde schwächer und
schwächer, während das der Engländer an Heftigkeit zunahm. Die Raketenbatterie wurde dann
noch näher hinangeschoben, so dass einzelne der
Raketen bis auf den Rand des Plateau von Fala
gelangten. Das Dreieck zwischen Selasse und Fala
war längst von den Abessiniern geräumt: so
schnell sie herabgekommen waren, so schnell lie-
fen sie auch wieder hinauf, ihr Schrecken und ihre
Furcht fand keine Grenzen. Erst die einbrechende
Nacht, als die englischen Truppen selbst Herren
des unteren nach Fala hinaufführenden Weges
geworden waren, machte dem Schiessen ein Ende.
Es handelte sich nun darum, die Bagage und Diener zu finden, und das war bei der rasch hereinge-
brochenen Dunkelheit keineswegs eine Kleinigkeit.
Ich richtete mich auf einige aufgeschlagene Zelte,
welche ich als Hospital eingerichtet fand, und hier
versammelte sich denn auch die meiste Bagage.
Durch das eigenthümliche, allen Abessiniern eigene Rufen meines Pferdewärters nun gelang es, uns

bis zu den Anderen durchzurufen, und da sie Befehl hatten, sich zur Bagage des Oberst Phayre zu halten, so fanden wir Alles beisammen. Ja, dieser selbst schon in seinem Zelte gut eingerichtet, so gut es Nacht und Schnelligkeit erlaubte, hatte einen Braten vor sich; man kann denken, mit welcher Freude, nach einem so langen Fasten und den ganzen Tag auf den Beinen oder zu Pferde, einen ein solcher Anblick erfüllte. Und als nun einer meiner Diener, ein früher aus Magdala entlaufener Soldat, sagte, er wüsste, wo Wasser zu finden sei, und dann auch bald darauf mit einem Eimer voll ankam, konnten wir sogar noch eine Tasse Thee brauen; in allem Ernste waren wir sicher nach dem Gefechte am günstigsten placirt, ich glaube selbst Sir Robert[21]hatte kaum mehr als wir: Zelt, hinreichend Essen und Trinken.

Wir unterhielten uns natürlich lange über die einzelnen Episoden und so viel erfuhren wir noch, dass die Engländer keinen einzigen Todten und bloss circa 25 Verwundete hatten. Der Verlust der Abessinier war nicht zu ermitteln; Einige sprachen von 80 Todten, Andere von mehreren Hunderten. So viel war festgestellt, dass unter den Todten des Feindes sich der oberste Anführer des Heeres Theodor's, der Fittorari, befand. Als wir nach beendigtem Gefechte noch Abends über das Schlachtfeld eilten, sahen wir auf einem Platze von 10' Durchmesser 14 abessinische Leichen, fast alle mit zerschmettertem Kopfe; wahrscheinlich war eine Rakete oder Bombe unter sie gekommen. An Schlaf war aber die Nacht nicht zu denken; obgleich ich auch mein Zelt aufgeschlagen hatte, so war es doch so unruhig, dass man, selbst wenn die Aufregung nach dem Gefechte es erlaubt hätte, vor lauter Lärm nicht dazu gekommen wäre; es kam nämlich nach Mitternacht die ganze andere Brigade unter General Schneider heraufmarschirt, dann die unvermeidlichen Elephanten mit den Armstrong-Kanonen, welche einen grossen Schrecken und Verwirrung unter unseren Pferden anrichteten. Ich war sehr froh, als es um 5 Uhr zu dämmern anfing.

In der Meinung, dass Sir Robert nun gleich unter dem Eindruck des vorherigen Tages das Bombardement und schliesslich den Sturm auf Magdala wieder aufnehmen würde, ritt ich schnell nach dem Schlachtfelde, fand aber zu meinem Erstaunen ausser einer Vorpostenkette und herrenlos umherlaufenden Pferden und Maulthieren Niemand. Da lagen noch alle die Cadaver vom vorhergehenden Abend, und selbst noch einige lebende Verwundete befanden sich dazwischen. Auf meine Frage, wo das Hauptquartier sich befände, zeigte man es mir 1 Meile weiter weg nach rückwärts zu und in der That fand ich da auch Sir Robert gerade im Begriff, das Lager zu formiren.

Da auf einmal ertönte ein grosses Freudengeschrei, ein Offizier kam von der Vorpostenkette angesprengt und brachte die Nachricht: es kämen Parlamentäre mit weisser Flagge vom Berge; einen Augenblick später waren Herr Flatt, Lieutenant Predeaux und ein Schwager Theodor's in unserer Mitte. Theodor hatte sie abgeschickt, zu unterhandeln, um bedingungsweise die Gefangenen auszuliefern. Aber die Antwort Sir Robert's war natürlich: "Zuerst die Auslieferung sämmtlicher Europäer ohne Bedingung." Die Herren, welche ihr Wort gegeben hatten, wieder zurückzukommen, mussten es halten; sie schilderten, dass Theodor am Abend nach dem Gefechte sehr niedergeschlagen gewesen sei: "Ich sehe nun, alle meine Soldaten sind Memmen im Vergleich zu den Europäern," rief er aus, "und Ihr habt mir nie von den Dingen gebracht," rief er den gefangenen Europäern, zu, indem er ein Stück Rakete vorzeigte, das dicht bei ihm niedergefallen war. In der Nacht um 12 Uhr kam Theodor dann noch zu Flatt und sprach zu ihm: "Gehe schnell hin zu Deinen Brüdern und unterhandle für mich, ich sehe, der General der Königin von England ist stärker, als ich; gehe, unterhandle, ehe Alles verloren ist." In Folge dessen war Flatt, von Predeaux begleitet, herunter gekommen.

Es war keine Kleinigkeit für sie, jetzt wieder zum Könige zurückzukehren, der in den letzten Jahren an förmlichen Wuthanfällen litt; so hatte er am Morgen des Gefechtes von Aroge, am Charfreitage, 200 Gefangene ganz ohne allen Grund in einen Abgrund stürzen und auf die etwa Ueberlebenden von oben herab schiessen lassen. Der Wuthausbruch des Königs war auch in der That nach der Rückkehr Flatt's so gross, dass er sich selbst erschiessen wollte; nur einige Grosse, die ihm zunächst standen, hinderten ihn daran, sich eine Pistole in den Mund abzubrennen.

Die Vorsehung liess indess nicht zu, dass irgend einer der europäischen Gefangenen weiter verletzt werden sollte. Theodor war förmlich mit Blindheit geschlagen, seine einzige Waffe, die Gefangenen, ohne Condition aus der Hand zu geben. Und dennoch that er es. Noch am selben Abend kamen Flatt, Stern, Rosenthal, Predeaux, Rassam, Cameron und die Frauen, kurz in Allem circa 30 Gefangene; nur einige Wenige hatte Theodor noch zurückbehalten, darunter den bekannten deutschen Gelehrten Dr. Schimper und den vom Herzog von Dessati vor Zeiten nach Abessinien geschickten Maler Zander. Letztere waren eigentlich nie Gefangene gewesen und namentlich Zander hatte beim König Theodor immer eine sehr bevorzugte und angesehene Stellung gehabt.

Auch der folgende Tag ging mit Verhandlungen hin, Theodor suchte nun die Gefühle und Grossmuth Sir Robert's für sich zu gewinnen. Noch gar nicht sein Ende vorhersehend, glaubte er immer noch, Sir Robert würde ihm dafür, dass er alle Gefangenen ausliefere, doch wenigstens ein Gegengeschenk von einer Feldbatterie oder gar ein ganzes englisches Regiment schenken, um damit seine Rebellen wieder unterwerfen zu können. Grausamkeit und Trunkenheit hatten Theodor in den letzten Jahren seiner Regierung vollkommen dumm gemacht: sein ganzes Reich war von ihm abgefallen, und er erkannte nicht die Ursache; seine eigene Willkür und Grausamkeit ohne Grenze, Wortbrüchigkeit, machte, dass bloss noch Auswurf und Schmeichler um ihn waren, bereit, jeden seiner Winke zu vollziehen. - Theodor versuchte sogar noch Geschenke zu senden; obgleich seine Leute in Magdala halb verhungert waren, er konnte vielleicht 50-60,000 Seelen haben, schickte er noch an dem Tage 1000 Stück Rindvieh und eine gleiche Anzahl Schafe. Sir Robert war natürlich taktvoll genug, diese Gabe zurückzuweisen.

Als nun Theodor sah, dass ohne die Gefangenen ausgeliefert zu haben, Nichts für ihn zu bekommen sei, gab er in der That nach und am 12. April Abends waren ohne Ausnahme alle Europäer, die in Magdala bei Theodor gewesen waren, im englischen Lager. Während dieser Tage schwebte das Leben der Gefangenen natürlich immer in der grössten Gefahr, ein einziges Wort Theodor's, ein einziger Wink von ihm hätte genügt, um Alle zu vernichten. Indess die Hauptsache war erreicht, alle Gefangenen ohne Ausnahme waren heil und wohl im englischen Lager, und wenn dies die Folge des Gefechtes von Aroge war, so konnte Colonel Phayre mit Recht stolz darauf sein, die erste Veranlassung dieses Gefechtes gewesen zu sein, und wenn er auch als Militär, gegen die Ordre seines Oberen gehandelt zu haben, einen Tadel verdient hatte, so konnte er mit frohem Bewusstsein auf sein Wirken während der Campagne zurücksehen, denn hätte er in Lat nicht auch gegen die Befehle gehandelt, wo er Ordre bekam, zu halten, aber trotzdem vorging, so wäre die englische Armee am 10. April noch lange nicht vor Magdala gewesen. Es ist ein Factum, dass bloss das rasche und energische Vorgehen des Oberst Phayre den englischen Commandirenden bewog, so schnell nachzugehen; "er fürchtet, ich laufe ihm davon, um Theodor allein zu schlagen und die Gefangenen zu befreien", habe ich Oberst Phayre sagen hören. Das war auch wohl die eilige Ankunft Sir

Robert's bei Aroge, ein Gefecht, das sich ganz ohne ihn, ganz ohne seine schön ausgedachten Pläne und Manöver machte. Freilich war nach Beendigung Sir Robert sehr stolz darauf, und meinte, er hätte Alles so vorher berechnet, aber Factum ist auch, dass die Ordre gegeben war, die Armee sollte am 10. ausserhalb des Bereiches von Magdala auf den Hügeln südlich vom Baschlo campiren.

Nachdem so die Hauptsache erreicht war, das heisst die Befreiung der Gefangenen, blieb nur noch übrig, mit Theodor selbst fertig zu werden. Er bekam am 12. Abends dann, die Aufforderung, Magdala zu übergeben und sich selbst ins englische Lager zu verfügen unter Garantie seines Lebens und einer ehrenvollen Gefangenschaft. Aber natürlich dachte Theodor nicht daran, dem Folge zu leisten. Theils glaubte er wohl nicht einmal dem englischen Obergeneral, denn er, der selbst so oft sein Wort gebrochen hatte gegen die, welche sich ihm auf Treu' und Glauben überliefert hatten, musste natürlich auch gegen Andere im höchsten Grade misstrauisch sein; theils aber auch, wie sollte er, der König der Könige von Aethiopien, der Abkömmling von Salomon (nach seiner Aussage), der noch kurz zuvor mit Kaisern und Königen als gleichberechtigt unterhandelt hatte, der so aufgeblasen von sich war, dass er der Königin von England nach dem Tode des Prinzgemahls einen Heirathsantrag stellte, wie sollte er sich demüthigen und vor dem englischen General, von dem er wusste, dass er in der Armee der Königin keineswegs einer der Höchsten war, zu erscheinen. Die Weigerung des Königs, sich und Magdala zu übergeben, hatte indess den Abfall seiner ganzen Armee zur Folge. Schon am 13. April, Morgens früh kam die Nachricht, Theodor sei mit einigen Wenigen entflohen und die übrigen Leute erwarteten nur den englischen General, um die Waffen niederzulegen. Es war dies freilich ein Irrthum, Theodor war nicht geflohen, sondern hatte sich mit 7 Chefs und 9 Soldaten, das war Alles, was ihm treu blieb von seiner ganzen Armee, nach Magdala selbst zurückgezogen, und das einzige Thor, welches dahin führte von Salamge aus, geschlossen und mit Steinen verbarrikadirt.

Um 9 Uhr Morgens auf diese Nachricht hin, befahl Sir Robert also den Aufmarsch und setzte sich selbst mit dem ganzen Generalstab in Bewegung, um den Sturm zu leiten. Nach 2 Stunden wehte die englische Fahne auf Fala und eine halbe Stunde später auf dem höchsten Felsblocke des Selasse-Plateau. Ich ritt gleich darauf nach Fala, wo ich ein englisches Regiment installirt fand, von Theodor's Kanonen fand sich nur noch ein 24-Pfünder und eine andere geborstene Kanone vor, welche beim Gefechte von Aroge gesprungen war. Unter der Zeit war eine andere kleine Abtheilung Engländer unter Oberst Lock und Major Staveley (dem berühmten Tigertödter) schnell nach Salamge vorgedrungen und hatte sich dort der Kanonen des Königs, die derselbe von Fala aus dorthin hatte transportiren lassen, bemächtigt. Bei dieser Abtheilung befand sich unser Landsmann, Herr Lieutenant Stumm, und der theilte mir mit, dass Theodor, wahrscheinlich im Zorn, seine geliebten Kanonen, die Schuld seines ganzen Unglücks, jetzt in die

156

Hände der Engländer fallen zu sehen, noch einmal von einigen wenigen Getreuen begleitet, im schnellen Lauf angesprengt gekommen sei, und nachdem er auf kurze Entfernung seine Flinte abgeschossen, ohne indess Schaden zu thun, wieder zurück und nach Magdala hinaufgeritten sei. Die Engländer benutzten sogleich die feindlichen Kanonen, um sie auf den König und Magdala zu richten, nach einigen Schüssen wurde Oberst Lock aber beordert, einzuhalten.

Im Glauben, dass der Sturm angefangen habe, ritt ich schnell von Fala, wohin mich ein französischer Offizier, Herr d'Hendrecourt, begleitet hatte, zurück, fand aber, auf Salamge angekommen, Alles wieder still. Da standen die Kanonen, von Theodor aufgegeben, und die Hütten und Zelte, wie sie die abessinischen Soldaten verlassen hatten, leer. Diese selbst, mit Weibern und Kindern wohl 50,000 an Zahl, bewegten sich, nachdem sie ihre Waffen vor Sir Robert abgelegt hatten, in ungeheuren Zügen nach dem Westabhange des Berges hin. Um unseren Generalstab aufzusuchen, ritt ich nun rings um Selasse herum und kam dann auch an die grosse Wohnung des bei Aroge gefallenen Feldherrn Fittorari, dessen Frau mich freundlich einlud, etwas Brod zu essen und Tetsch oder Honigwein zu trinken. Hier auf diesen nördlichsten Punkt von Selasse war bis jetzt noch kein Engländer gekommen. Ich hielt mich aber nicht auf, sondern suchte so schnell wie möglich Sir Robert zu erreichen, um zu erfahren, ob Magdala, es war nun 2 Uhr Nachmittags geworden, noch am selben Tage gestürmt werden sollte, oder ob man sich damit begnügen werde, Fala und Selasse ohne Blutvergiessen in Besitz genommen zu haben.

Ich fand Sir Robert endlich auf dem 150' hohen Felsblock von Selasse sitzend, und als ich oben ankam, begann auch das Bombardement von Magdala. Sir Robert hatte zu dem Ende die Armstrongkanonen heraufkommen lassen, hatte die Feldbatterien placirt, hatte endlich die Raketenbatterie ins Feuer gebracht, und dies Alles mit solcher Präcision und so viel Takt, als wie auf dem Exercirplatze. Aber Schade, keine einzige Armstrongkugel traf, keine einzige Rakete zündete auch nur eins der vielen Strohdächer in Magdala; aber es war schön, die Schüsse fielen so regelmässig und platzten in der Luft und die Raketen zischten so artig, dass Sir Robert innerlich eine ausserordentliche Befriedigung und Genugthuung zu verspüren schien, wenn er anders wachte, denn er hatte die Augen fest geschlossen, als ich ihn auf dem Selasseblock sitzen sah.

In Magdala regte sich indess keine Seele, der Ort schien wie ausgestorben, und als nach diesem zweistündigen unnützen Verknallen von Pulver, welches nicht den geringsten Schaden that, Theodor noch immer das Thor nicht öffnen wollte (unbegreiflicher Weise hatte man gar keinen Schuss aufs Thor gethan, was doch wohl das Allernatürlichste gewesen wäre, sondern sich damit begnügt, die Atmosphäre von Magdala zu beschiessen), liess Sir Robert den Sturm befehlen. Glaubte er irgendwo eine Bresche geschossen, oder glaubte er Theodor durch den Kanonendonner erschüttert zu

haben, das wird er sich nur selbst gestehen können.

Unter einem heftigen Regen und Gewitter begann
der Aufmarsch der Truppen gegen das Thor von
Magdala um 41/2 Uhr und das einzige Hinderniss,
welches sich ihnen entgegenstellte, war das ver-
barrikadirte Thor. Hinter diesem stand Theodor
mit seinen Wenigen, die ihm treugeblieben waren,
und kämpfte mit der ganzen englischen Armee.
Einige Verwundete fielen auf englischer Seite vor,
aber dann wurde das Thor umgangen und die englischen Soldaten klommen über die Mauer. Herr
Stumm und ich, die wir als Zuschauer dabei waren, warteten die Oeffnung des Thores nicht ab,
sondern kletterten auch über. Der ungleiche
Kampf war im selben Augenblicke zu Ende, von
Theodor's Leuten waren 7 todt, er selbst hatte sich,
um nicht lebendig in die Hände der Engländer zu
fallen, eine Pistolenkugel in den Mund gefeuert (es
ist dies wenigstens höchst wahrscheinlich).

Wir gingen nun weiter und kamen ins eigentliche
Magdala, zuerst vor zwei ungeheure Hütten, welche Brauerei und Vorrathskammer von Theodor
gewesen waren. Hier fanden wir grosse, 200 Liter
haltende Krüge voll Tetsch, getrocknetes Fleisch,
Brod, Alles, wie es soeben erst von ihm verlassen
war, in einem schneeweissen Empfangszelte dicht
dabei aufgeschlagen, grosse Hörner, von denen
eins gefüllt war mit dem feinsten Araki. So lange
ohne Schnaps oder Wein gewesen, that uns dieser
Fund sehr gut und Herr Stumm nahm dieses Horn
als gute Beute mit, leider wurde es durch zahlreichen Zuspruch aller jetzt hereinströmenden durs-

tigen Freunde nach einem Augenblicke leer. Etwas weiter war eine andere grosse Hütte mit abessinischen Gefangenen, denen wir die Eisen abnehmen konnten; wie Heringe waren sie zusammengepfercht, und hatten meist Eisen an Händen und Füssen. Aber so elend dieser Anblick auch war, unser Herz war ganz abgestumpft gegen Schreckensscenen; hatten wir doch beim Heraufmarsch vor unseren Augen jene 200 Cadaver gesehen, welche Theodor am Charfreitage in den Abgrund hatte stürzen lassen: wie Ein unförmlicher schwarzer Pudding aus Menschenfleisch von krächzenden Raben und Aasgeiern überschwebt, die sich Fetzen von den auseinanderfallenden Körpertheilen abrissen, lagen diese letzten Opfer Theodor's da.

Weiter gehend, kamen wir an die eigentlichen Wohnungen des Königs und hier hatten die Soldaten schon Alles auseinandergerissen und Haufen Gegenstände aller Art lagen durcheinander. Hier sah man Monstranzen, silberne und kupferne Kreuze und Räuchergefässe aus Kirchen, dort Kronen von Gold und Kupfer, Flinten, kostbare Säbel, Teppiche, Kleider, Kisten mit Seife, mit Nadeln, Pianinos, Bücher, Schüssen, Tasten, Stühle, Instrumente, kurz, es war kein Gegenstand zu denken, der nicht zu finden gewesen wäre. Es war eine förmliche Trödlerbude en gros. Jeder beschäftigte sich damit, Etwas zu nehmen, und so nahmen wir auch mehrere Gegenstände, Kreuze und Räucherfässer, um sie als Andenken für die Heimath mitzubringen. Wir wussten in dem Augenblicke nicht, dass bei einer eroberten Stadt im *englischen*

160

Heere alles den Truppen in die Hände fallende Gut Eigenthum der Soldaten wäre und auf gemeinsame Kosten verkauft wird. Sobald uns dies bekannt gemacht wurde, stellten wir die Gegenstände wieder zurück, obgleich wir die meisten von englischen Soldaten schon gekauft hatten.

Da es anfing dunkel zu werden, machten wir uns auf den Rückweg, aber die schwarze Nacht führte uns ins Lager der Abessinier und dann auf falsche Wege, erst um 10 Uhr Abends hatten wir unsere Zelte erreicht.

Natürlich, obgleich nun Alles erreicht war und die englische Regierung für die Beleidigung, welche der Nation durch die Inkettenlegung ihrer Consuln Cameron und Rassani angethan war, die glänzendste Genugthuung erhalten hatte; denn die Gefangenen waren am Leben und frei, der König Theodor todt, seine Armee vernichtet und Magdala erobert: natürlich, sage ich, konnte man nicht gleich daran denken, am anderen Tage mit der Armee abzumarschiren. Da war noch Manches zu ordnen, die Kanonen Theodor's, werthlos für die Engländer, mussten zersprengt werden, um nicht von Neuem Veranlassung zu der Bildung eines Tyrannen zu geben, Magdala selbst musste von Grund aus zerstört, Besuche der umwohnenden Fürsten mussten empfangen werden, endlich die 50,000 obdachlosen und brodlosen Leute Theodor's ganz ohne Waffen jetzt aus dem Bereiche der räuberischen Galla gezogen und in ihre früheren Heimathsorte zurückdirigirt werden. Die Meisten dieses herrenlosen, halb verhungerten Gesindels, mit denen man eigentlich gar kein Mitleid hätte zu haben brauchen, weil jedes männliche Individuum der Armee Theodor's (nach Missionär Stern's Aussage) wenigstens fünf Morde durchschnittlich auf seinem Gewissen hatte, waren aus Begemmder.

Ausserdem hatte die englische Armee einige Gefangene von Auszeichnung selbst mitzunehmen, darunter die beiden Frauen König Theodor's, davon die eine eine Tochter Ubie's, Namens Durenesch oder "weisses Gold", mit der er drei Kinder gehabt hatte, von denen indess nur das älteste, ein Knabe Namens Alamayo, circa 7 Jahre alt, am Leben und in Händen der Engländer war. Dann die zweite Frau, Namens Tamena[22], frühere Witwe eines Uedjo-Chefs mit ihren zwei Kindern aus erster Ehe, Leven 11 Jahre und Imam 5 Jahre alt, beide Knaben. Endlich zwei Söhne von Ubie, Namens Kangal und Kassai, dann der rechtmässige Abkömmling der alten abessinischen Dynastie, der altersschwache Asi-Johannes. Endlich eine wichtige Persönlichkeit der früheren Beherrscher von Wag, der Wagschum Deferri, Bruder von Kermeten und Onkel vom augenblicklichen Herrscher Gobesieh von Wag. Diese und noch viele andere bedeutende Leute, die alle von Magdala aus in die Hände der Engländer übergegangen waren, machten Munzinger, der Alles mit ihnen zu ordnen hatte, natürlich Viel zu schaffen.

Am 17. April machten dann noch die Galla-Fürstinnen der Wolo-Gala, eine Namens Mesteat, dem englischen Chef einen Besuch, und am selben Tage ihre Feindin, eine andere Wolo-Gala-Fürstin, Namens Urket. Letztere ist die Schwester der Mutter des berühmten Ras Ali, seine Mutter hiess Udjero-Menen. Auch Meschescha stellte sich ein, dann der Chef von Talanta, um dem "Negus inglese", wie das Volk sagt, ihre Huldigung darzubringen.

Theodor selbst wurde am Tage darauf im Umgange der Kirche in Magdala mit allen Ehren begraben, es ist indess sehr zu bezweifeln, dass die Gala sein Grab unangetastet lassen werden. Die Rache an Todten ist bei diesen Völkern so natürlich, dass nach den Schandthaten, die Theodor gegen sie verübte., wohl zu vermuthen ist, dass sie seinen Körper nicht in Ruhe lassen werden. Es ist übrigens sehr zu bedauern, dass keine Photographie von Theodor gemacht wurde, denn sein Gesicht, wie sein ganzer Körper waren unverletzt, die in den Mund hineingeschossene Kugel war aus dem Hinterkopfe herausgekommen und hätte augenblicklichen Tod hervorrufen müssen. Eine ausgezeichnete Handzeichnung, von Mr. Holmes vom Britischen Museum abgesandt, kann selbst eine nicht gute Photographie nicht ersetzen.

Am 15. April fing denn der Exodus der Leute Theodor's von Magdala an, er dauerte von Morgens bis Abends, und wenn ich die Menge der Leute auf 60,000 angegeben habe, so ist das sicher nicht übertrieben. Viele starben übrigens schon gleich, so wie sie vom Berge kamen, und blieben am Wege liegen, unbeerdigt, eine Beute der Hyänen und Aasvögel. Manche lagen da halbtodt und nagten von einem Knochen das rohe Fleisch, vergeblich die Vorrüberziehenden um einen Trunk Wasser flehend. Die Noth an Wasser war in der That gross, wir selbst mussten es meilenweit herholen und unsere Pferde und Maulthiere mussten wir zum Baschlo zur Tränke schicken.

Nachdem ich unter diesen Umständen so rasch wie möglich von der Armee zu kommen suchte, theilte ich unter die deutschen Gefangenen, die es nöthig hatten, im Namen Seiner Majestät unseres Königs einiges Geld aus, welches mir Sir Robert zu dem Ende freundlichst vorstreckte. Leider konnte ich indess nicht verhindern, dass man sich an dem Privateigenthum eines der deutschen Gefangenen vergriff, hoffe indess, dass der rechtliche Sinn Sir Robert's so entscheiden wird, dass man Herrn Zander, denn dieser war es, dem man neun Decorationen des Königs Theodor, welche dieser ihm geschenkt hatte, abnahm, dieselben wieder zustellen wird[23]. Ja, die englischen Gesetze scheinen in der Armee so eigenthümlich zu sein, dass man mir selbst Schwierigkeiten machte, mehrere Gegenstände, die mir Herr Zander für Seine Hoheit den Herzog von Dessau mitgab, mitzunehmen. "Die Gefangenen," sagte mir ein englischer Offizier, "haben gar kein Eigenthum mehr." Ich fand es für überflüssig, diesem gelehrten Manne auseinanderzusetzen, dass sämmtliche Europäer in Magdala dem englischen Soldaten gegenüber nie Gefangene gewesen seien, sondern freie Leute, als solche also auch Privateigenthum haben dürften, dass aber speciell Herr Zander auch bei Theodor nie Gefangener gewesen sei, dass überhaupt, wenn der englische Soldat nach einem Sturm alles öffentliche Eigenthum als das seine betrachte, es doch sehr mittelalterlich wäre, wenn er auch Privatpersonen ihres Eigenthums beraube. Thatsache war aber, dass die Sachen, die Herr Zander vor Jahren vom König Theodor bekommen hatte und nun durch mich an den Herzog von Dessau senden wollte, die schönsten Stücke der ganzen gewöhnlichen Beute (ich nehme natürlich die Kroninsignien, die wirkliche goldene Königskrone, Säbel, Schwert etc. aus, welche Sir Robert fürs englische Gouvernement und mit vollstem Rechte in Beschlag nahm) waren; sie bestanden in einem vollständigen silbernen Maulthiersattelzeug, Schild mit Silberfiligran, silbernen Pantoffeln, Kleid und Hosen mit Silberfiligran gestickt und Armwehr aus Silber.

Am 17. April brach ich auf von der Armee, campirte im Baschlo immer mitten im Gefolge von halbverhungerten ausziehenden Magdalabewohnern, nahm am 18. von Sir Robert Abschied, der mittlerweile auch mit der Armee auf Talanta eingetroffen war, und nachdem er dann noch freundlichst mir meine Privatdiener mit Doppelflinten bewaffnet hatte, die aus der Beute von Magdala herstammten, schlug ich am 19. April meinen eigenen Weg ein, um über Lalibala nach der Küste zurückzukehren.

8. Schlusscapitel

Ohne Unfall hatte ich Zula erreicht; der einzige Europäer, der die Armee verlassen hatte, um einen anderen Weg zurückzunehmen, hatte ich wenigstens die beiden bemerkenswerthen Orte Lalibala und Axum gesehen. Ueberall, namentlich in den südlichen Provinzen Abessiniens hatte ich den grossen Einfluss constatiren können, den die Befreiung der Europäer, der Tod Theodor's, der Fall Magdala's auf die Bevölkerung hervorgebracht hatten. In der That, die englische Expedition steht einzig da; denn wenn es auch uns, die wir daran Theil nahmen, vorkam, als ginge Alles nur langsam voran, so konnte man doch jetzt nach so ruhmvoller Beendigung sich nicht dem Gedanken verschliessen, dass Alles mit bewundernswürdiger Schnelligkeit durchgeführt worden war. In Wirklichkeit konnte aber auch nur die englische Nation einen solchen Krieg führen, eine Nation, welche keine Ausgaben, und mögen sich dieselben auch noch so sehr steigern, scheut.

Die eigentlichen Operationen hatten kaum sechs Monate gedauert; denn Anfangs December 1867 begannen die Ausschiffungen der Truppen in Zula und Ende Mai 1868 war fast die ganze Armee schon wieder eingeschifft.

Von meinen Ausflügen von Lalibala und Axum zurückgekehrt, auf welcher letzteren Tour mich Herr Stumm begleitet hatte, trafen wir in Senafe mit dem Hauptquartier zusammen und hier entschied Sir Robert, dass die oben erwähnten Kreuze Zander's als Theodor's Eigenthum zu betrachten seien, Mithin der Armee gehörten, und selben Tags wurden dieselben noch versteigert. Von dem Standpunkte ausgehend, dass die Decorationen Zander's Eigenthum seien, enthielten wir drei Deutschen, Herr Stumm, Graf Seckendorf und ich, uns des Bietens.

Zur selben Zeit kam dann auch noch der Prinz Kassa von Tigre, um dem englischen Negus seine Aufwartung zu machen, und so hochtrabend und anmassend er vorher gewesen war, so kriechend und unterwürfig zeigte er sich jetzt Sir Robert gegenüber. In seiner bekannten Güte hatte der englische General längst dem hochmüthigen und mehr als zweifelhaften Bundesgenossen verziehen, machte ihm sogar noch ein hübsches Geschenk von einer Batterie Feldkanonen und 800 englischen Flinten nebst entsprechender Munition.

Ob dies Geschenk indess die Wirkung haben wird, Kassa zum Kaiserthum zu verhelfen, ist mehr als zweifelhaft. Die Sympathien des Volkes sind für Gobesieh und schliesslich wird der von Aegypten kommende Abuna die Entscheidung geben. Nur wer von diesem gesalbt wird, kann als rechtmässiger Negus negassi betrachtet werden.

Ich selbst verliess dann nach einem Tage Aufenthalte Senafe und begab mich in Begleitung der beiden französischen Offiziere durch den Komeile-Pass nach Zula. Es war höchste Zeit, denn fast alle Tage schon wurde der Thalweg durch herabbrausende, plötzliche Wassergüsse für die Communication unzugänglich gemacht. In Zula trafen wir Herrn Stumm und zusammen schifften wir uns nach einem Aufenthalt von einigen Tagen an der

Küste mit einem grossen englischen Transportdampfer ein. Es war der 31. Mai 1868, als wir Ans-
ley Bai, mithin die Küste von Abessinien, verliessen.

Anhang I.

Punkte, theils hypsometrisch, theils mit dem Aneroid gemessen von G. Rohlfs.

	Fuss
Amba-Antalo (westlicher Punkt)	93315
Messino, Lagerplatz	7530
Amba-Duggeduka	10950
Attala, Lagerplatz	7089
Aladje, Pass	9630
Mollaho, Pass	8407
Eiba, Lager	7864
Debar, Pass (Abhang von Ferrar-Zebit-Dogoa)	9723
Mai-Doha-Thal, Lagerplatz	4324
Haya, Lager	7101
Ashara, Pass (am Aschangi-See)	8547
Ainemai, Lager (am Aschangi-See)	7432
Niveau des Aschangi	7264
Missagita	8026
Umberit, Pass	8943
Lat, Lager	8478
Dafat, Berg	9502
Asme-Galla, Lager	6899
Misserkito, Lager	6952
Dildi am Terari	7005
Taragana-Amba	8073
Emano-Amba, Pass	10660

Uondatj-Bir, Pass	10600
Magdala (wurde nicht von mir gemessen) circa	1000
Abdicum	9250
Takaze (ein Tagemarsch unterhalb der Punkte, wo die Armee überging)	5800
Salit	6250
Lalibala	7000
Schegalo	6200
Bilbala-Georfris	6170
Eisemutsch, Thal	6360
Mari, Thal	5200
Taba, Ort	6000
Siba, Pass	6500
Mokogo, Pass	7800
Biala, Pass	9000
Ohlich, Ort	6200
Telela, Pass	7100
Sokota, Stadt	6300
Emenenagerit, Pass	5600
Uana, Pass	5550
Tselari, Bett	3200
Zaka	4200
Zamre, Bett	3150
Tenaroa	4500
Samre, Stadt	6000

Anhang II.

Längen- und Breitenbestimmungen in Abessinien, gemacht von General Merewether und Clemens Markham.

			O. L.
Landungsplatz von Zula	15deg.15'	N. Br.	39deg.46'15" v. Gr.
Senafe	14deg.40'	"	39deg.31' "
Adi-Graat	14deg.16' 26"	"	39deg.23'6" "
Boya, Lager	13deg.13' 52"	"	39deg.16'44" "

Aschangi, Lager und Magdala noch nicht von Markham veröffentlicht.

Fußnoten

[1] Unter anderen hat der spanische Consul vom Vicekönig eine allerliebste Villa kürzlich als Bakschisch erhalten.

[2] Im Juli 1868 hat er einen Brief veröffentlicht im "Progès egyptien", wo er sich unter den Schutz der europäischen Consuln stellt.

[3] Im Juli 1868 auf der Rückreise fand ich grosse Verbesserungen, z. B. eine eiserne Einfriedigung und Gasbeleuchtung.

[4] Ist nicht eingetroffen.

[5] Gegen entsprechende Bakschisch.

[6] Im Namen des Feuers oder des schnellen Handelns auf Arabisch.

[7] Immer hunderttheiliger Thermometer.

[8] "Eisernes Thor" in Fes, welches den jüdischen Stadttheil von dem der Mohammedaner trennt.

[9] In Talanta kauften wir 40 Pfund für Einen M. Th.-Thaler.

[10] In Italien sorgt man indess jetzt für ausgezeichnete Kirchenmusik, da man von der Vorschrift abgekommen ist, Gott durch leidende und weinerliche Musik eine Ehre zu erweisen. Ich hörte in Bologna während eines Hochamtes ein herrliches Potpourri aus "Martha".

[11] Nach Markham's Tabelle und Berechnung.

[12] Meilen sind immer englisch.

[13] Der Brief ist Zander nicht zugekommen.

[14] 10930 Fuss.

[15] Wie sich später herausstellte, hatte Merewether Phayre bestimmt, diese Route zu nehmen.

[16] Viscount Adair.

172

[17] General Merewether und Colonel Phayre hatten Ordre, mit den viel früher angekommenen Truppen an der Küste zu halten, bis der Chef einträfe; hätten sie es getan, so wäre Krankheit und Tod bei der grossen Hitze zu der Zeit in Zula unausbleibliche Folge gewesen und überdies wäre es Unsinn gewesen, ohne recognoscirt zu haben, mit der ganzen Armee auf einmal in Abessinien einzurücken. Phayre und Merewether erwarben sich also grosses Verdienst um die englische Armee, als sie Sir Robert's Befehlen aus Bombay nicht folgten.

[18] Nach Markham f.r.s..

[19] Terare, Tselari oder Telali ist ein und derselbe Fluss.

[20] Es wurde ein anderer directerer Weg am selben Tage gemessen, der nur 41/2 Meile betrug.

[21] Herr Stamm, der diesen denkwürdigen Tag an meiner Seite verlebte, war auch Nachts in meinem Zelte mein Gast, seine abessinischen Diener hatten Malheur mit seiner Bagage gehabt, welche erst am folgenden Morgen eintraf.

[22] Diese kehrte in ihre Heimath zurück.

[23] In Senafe hat Herr Zander den Werth der Kreuze vom General en chef ersetzt bekommen.